非物质文化遗产法概要

河山　军华 ◎ 著

知识产权出版社

全国百佳图书出版单位

内容提要

本书概要地阐述非物质文化遗产法，汇集了作者自20世纪80年代以来研究非物质文化遗产保护的诸多成果。从参加制定著作权法第6条的工作，到迸发"一定要拉开民间文化保护立法的序幕"呼声，再撰出一篇篇生动的札记，本书运用照片展示非物质文化遗产的内涵，图文并茂地给读者展示出壮丽的中华非物质文化遗产，并探讨如何用民事、行政等诸种手段对它进行保护。

题写书名：杨景宇

责任编辑：龙　文　　　　　　责任出版：卢运霞

特约编辑：沈　明　　　　　　装帧设计：李会芳

图书在版编目（CIP）数据

非物质文化遗产法概要 / 河山，军华著. —北京：知识产权出版社，2013.9

ISBN 978-7-5130-0717-7

Ⅰ.①非… Ⅱ.①河… ②军… Ⅲ.①文化遗产—保护—法律解释—中国

Ⅳ.①D922.165

中国版本图书馆CIP数据核字（2011）第144430号

非物质文化遗产法概要

Feiwuzhi Wenhuayichan Fa Gaiyao

河山 军华 著

出版发行：**知识产权出版社**

社　　址：北京市海淀区马甸南村1号　　　　邮　　编：100088

网　　址：http://www.ipph.cn　　　　　　邮　　箱：bjb@cnipr.com

发行电话：010-82000860转8101/8102　　　传　　真：010-82005070/82000893

责编电话：010-82000860转8123　　　　　　责编邮箱：longwen@cnipr.com

印　　刷：北京科信印刷有限公司　　　　　经　　销：新华书店及相关销售网点

开　　本：880mm×1230mm 1/32　　　　　印　　张：14.875

版　　次：2013年10月第1版　　　　　　　印　　次：2013年10月第1次印刷

字　　数：400千字　　　　　　　　　　　定　　价：68.00元

ISBN 978-7-5130-0717-7 / D · 1273（3616）

目录

第四章 非物质文化遗产的民事保护

第五章 非物质文化遗产法的行政保护

第六章 非物质文化遗产札记

附

第一章　"一定要拉开民间文化保护立法的序幕"

第一节　著作权法对民间文学艺术作品的保护

先说说概念。非物质文化遗产是2004年我国加入《保护非物质文化遗产公约》之后的用语，简称非遗。在此之前，著者所说的民间文化或者民间传统文化，与非物质文化遗产是同一含义。

20世纪80年代制定著作权法时，研究了民间文化的保护。《著作权法》第6条对此做了规定："民间文学艺术作品的著作权保护办法由国务院另行规定。"应当说，著作权法的这一规定是进步的，它以法律形式提出了民间文学艺术作品的保护。民间文学艺术作品是非物质文化遗产中的重要内容，著作权法吹响了保护非物质文化遗产的号角。又由于民间文学艺术作品有许多特殊之处，故著作权法规定对它的著作权保护办法由国务院另行规定。

民间文学艺术作品有哪些特殊点，能不能用著作权保护？著者在人民出版社1991年出版的《著作权法概要》一书中做了如下描述。

关于民间文学艺术作品

国际上保护民间文学艺术作品是20世纪60年代以后发展起来的，一些发展中国家率先使用著作权法保护民间文学艺术作品。

1976年的突尼斯样板版权法规定了保护民间文学艺术作品的条款。80年代，联合国教科文组织及世界知识产权组织制定了《保护民间文学表达形式，防止不正当利用及其他侵害行为的国内法示范法条》。目前已利用著作权法保护民间文学艺术作品的国家有：突尼斯、智利、摩洛哥、阿尔及利亚、塞内加尔、肯尼亚、马里、布隆迪、象牙海岸、几内亚、中国等。玻利维亚的著作权法仅保护民间音乐。

关于民间文学艺术作品的概念，《保护民间文学表达形式，防止不正当利用及其他侵害行为的国内法示范法条》第2条规定：民间文学表达形式，是指由传统艺术遗产的特有因素构成的，由××国的某居民团体（或反映该团体的传统艺术发展的个人）所发展和保持的产品。突尼斯样板版权法为民间作品下的定义是：作者为所在国国民或少数民族社团在本国境内创作的所有文学、艺术和科学作品，它们代代相传，已成为传统文化遗产的一个重要组成部分。通过这些定义可以看出，民间文学艺术作品是一种世代相传、长期演变、没有特定作者、反映某一社会群体文学艺术特性的作品。

民间文学艺术作品具有以下特征:

第一，民间文学艺术作品是一种通过某个社会群体几代人不断地模仿而进行的非个人的、连续的、缓慢的创作活动过程的产物。例如我国的龙，由仰韶文化的鱼纹龙进到周朝的蛇纹龙，经汉、明、清，龙的造型一直发展到今日的龙，龙的创作演变史已达几千年。

第二，民间文学艺术作品的表现形式丰富。《保护民间文学表达形式，防止不正当利用及其他侵害行为的国内法示范法条》第2条规定，民间文学表达形式包括：（一）口头表达形式，诸如民间故事、民间诗歌及民间谜语；（二）音乐表达形式，诸如民歌及器乐；（三）活动表达形式，诸如民间舞蹈，民间游戏，民间艺术形式或民间宗教仪式；（四）有形的表达形式，诸如：（1）民间艺术品，尤其是笔画、彩画、雕刻、雕塑、陶器、拼花（拼图）、木制品、金属器皿、珠宝饰物、编织、刺绣、纺织品、地毯、服装式样；（2）乐器；（3）建筑艺术形式。在我国，民间文学艺术作品表现形式有文字、口述、音乐、戏剧、舞蹈、美术等。生活习惯、传统礼仪、宗教信仰、科学观点不属于民间文学艺术作品。

第三，民间文学艺术作品的作者是创作该民间文学艺术作品的社会群体。这个社会群体可以是一个民族，也可以是本民族的某个村落，还可以指几个民族。民间文学艺术作品无具体的作者。表演民间文学艺术作品的某个说唱人、舞蹈人，不是民间文学艺术作品的作者。例如，青海省黄南藏族自治州同仁县土族聚居的年都乎村有一种"於菟"舞。"於菟"是春秋战国时期楚人对虎的称谓，从"於菟"舞里可以依稀看到两千多年前楚人祭祀山神舞蹈的情形。"於菟"舞在年都乎村口教身授，代代相传，每年农历11月20日祭山神的时候，村民们都表演"於菟"舞。可以说，年都乎村是"於菟"舞的作者，饰"於菟"的村民是"於菟"舞的表演者。

第四，民间文学艺术作品的权利属于创作、保存该民间文学艺术作品的社会群体。例如，广西宁明县的山崖上，有一组蛙状人群舞蹈的岩画，它是两千多年前祭祀舞的阵式图，而今天峨县的蚂拐舞正是岩画中舞蹈的再现。蚂拐舞作为一种舞蹈作品、祭祀活动，它的权利属于天峨县表演蚂拐舞的村落。

第五，民间文学艺术作品权利的保护不受时效的限制。民间文学艺术作品的修改权永远由创作、保存该作品的社会群体享有，民间文学艺术作品的财产权亦不存在保护期间。对此，突尼斯样板版权法认为，民间作品是共同创作的作品，总有尚未去世的作者存在，因此对民间作品的保护不受时间的限制。

第六，在传统和习惯范围内使用民间文学艺术作品都属于合理使用，即使营利使用，也不需经许可，不支付报酬。如艺人演唱《格萨尔王传》，无需许可，无需向藏民族付酬。

第七，民间文学艺术作品的权利由创作、保存该作品的社会群体行使，或者民间文学艺术作品的财产权利由当地民间文学艺术的主管部门行使。

第八，民间文学艺术作品的财产权利不能转让，但允许授权使用。

第九，在以营利为目的，并于传统和习惯之外使用民间文学艺术作品，应当取得民间文学艺术主管部门或者有关社会群体的许可。例如，突尼斯样板版权法第6条（三）规定：在国外印刷的本国民间创作作品的复制本以及在国外印制的本国民间创作的翻译本、改编本、整理本或者其他改写本的复制本，未经主管当局授权，不得进口和在国内发行。

民间文学艺术作品是否用著作权法保护，是个十分有争议的问题。

一种意见认为：民间文学艺术作品是代代相传的，形式多样，还会演变，不好确定作者，不能对其实施著作权保护。倘若用著作权法保护民间文学艺术作品，会把许多已经进入公有领域的作品重新纳入专有领域，造成许多不必要的麻烦。例如，吴承恩著的《西游记》源于民间传说故事，孙悟空、猪八戒的故事可谓民间文学。若纳入著作权保护，则使用孙悟空、猪八戒的形象，就得事先取得许可，并支付报酬。又如，蜡染布是贵州地区的传统工艺品，也属民间艺术范畴，若纳入著作权保护，则生产蜡染布也需授权，支付报酬。此外，演唱陕西民歌《信天游》、说书《武松打虎》、表演安塞腰鼓等，若纳入著作权保护，就都要取得许可，并支付报酬。这样，既行不通，也会造成大量著作权纠纷。另外，许多作品的创作均源于民间文学艺术。如电影《刘三姐》的音乐是根据广西民歌而创作的，电影《冰山上的来客》的插曲《天山上的红花》与作者在新疆采风密切相关。如果创作这些作品都要事先取得许可，并支付报酬，势必会影响文学艺术作品的创作。我国对民间文学艺术作品历来都不用著作权来保护。例如1984年文化部颁发的《图书、期刊版权保护试行条例》第10条规定："民间文学艺术和其他民间传统作品的整理本，版权归整理者所有，他人仍可对同一作品进行整理并获得版权。民间文学艺术和其他民间传统作品发表时，整理者应注明主要素材提供者，并依素材提供者的贡献大小向其支付适当报酬。"这里，是对民间文学艺术作品的整理本加以版权和邻接权保护，保护的是整理者和主要素材的提供者，而不是保护民间文学艺术作品的"著作权人"。民间文学艺术作品可由行政法保护，制定专门条例，可以用行政法律手段限制外国人采风，制止对我国民间文学艺术作品的掠夺。从国外情况来看，一些发展中国家虽用著作权法保护民间文学艺术作品，但实施起来很困难。许多发达国家不用著作权法保护民间文学艺术作品，并非这些国家的民间文学艺术作品不丰富。

另一种意见认为：我国民间文学艺术作品资源十分丰富，应当用著作权法对其加以保护。著作权法保护不保护民间文学艺术作品，关系到民族团结问题。我国的民间文学艺术作品被滥用的现象很突出，例如，有人拍摄了云南民族风情录，著作权归摄制者，当地一点权利都没有，很不合理。目前许多发展中国家都将民间文学艺术作品纳入了著作权法保护，我国也应当这样做。

由于民间文学艺术作品的特点不同于其他作品，故《著作权法》第6条规定："民间文学艺术作品的著作权保护办法由国务院另行规定。"

2001年修订的著作权法对这条未做修改。然二十个年头过去了，民间文学艺术作品的著作权保护办法也未规定出来。

第二节 "一定要拉开民间文化保护立法的序幕"

一、"一定要拉开民间文化保护立法的序幕"

1996年秋，著者第一次带队外出搞立法调研，同行的是段京连、王瑞娣，因调查内容是旅游合同，国家旅游局法规司派姜虹陪同，一行人前往云南泸沽湖。上大学学《婚姻法》时就听李志敏老师讲过泸沽湖的阿注婚，到泸沽湖后知应叫阿夏婚。云南人大的同志并玩笑说"可沾河教授光了"，他们虽在云南，可也未去过泸沽湖。那时泸沽湖尚未通电，摩梭人的迎宾篝火晚会映红了泸沽湖畔。我们入村进到摩梭木屋，与摩梭老人攀谈，了解摩梭风情。陪同前往的丽江人大的领导说："没见过这么深入的人大调研组。"10月28日晚，在云南宁蒗彝族自治县人大座谈会上，著者迸发出"一定要拉开民间文化保护立法的序幕"的呼声。可是这个序幕一拉就是十年，拉不开。

那晚的座谈会上，著者还建议宁蒗彝族自治县人大制定单行条例，保护摩梭人的走婚。宁蒗人大主任说："你给我下红头文件我就制定。"在那个年代，哪会有这样的红头文件。2000年在修改婚姻法工作中，著者在草稿附则中拟了"摩梭人的母系婚姻家庭受法律保护"，还未出一轮，这个条文就被删掉了。有的同志问："你怎么既反对非法同居，又提倡走婚？"

丽江那时还未被评为世界文化遗产，然它给著者和同行的伙伴留下极为美好的印象，小桥流水人家，原汁原味的纳西风情。在丽江的座谈会上，著者说："我还要看丽江古城，你们别讲了，就听我说吧。我讲的题目是《弘扬东巴文化从娃娃抓起》。"听了著者发言后，有人说："学东巴文有什么用？考大学用不上，招工用不上。"著者说："因为要继承纳西传统文化。你看你们都穿着西装革履，和汉族一样，没区别了，应穿民族服装。为什么不穿民族服装？"一人答："我们进步了。"会议洋溢激情，最后著者说："我还要来丽江！"大家热烈鼓掌。著者走了不少地方，只有在丽江说"我还要来"。之后有几次再去丽江的机会，著者谦让给了没到过丽江的同志。又过了12年，在丽江召开非物质文化遗产立法研讨会，著者受邀来到丽江。然而，这次却写了《丽江变味了》一文。

二、两篇游记

回京后，著者写下《救救应当保存的民间文化》、《亟待保护的摩梭母系文化》随感。走遍祖国的名山大川，这还是第一次写游记。下面是这两篇游记：

救救应当保存的民间文化

一、灿烂的民间文化

10月下旬，民法室一行赴滇调查旅游合同。云南，不仅有神秘的泸沽湖、奔腾的金沙江、皑皑的玉龙雪山、珍奇的热带雨林、美丽的西双版纳、保存完好的丽江古城、苍山洱海蝴蝶泉等壮丽的自然景观，更有那一轴多彩的民俗风情。如摩梭人的"女儿国"、纳西人的唐宋古乐、原始的东巴宗教、图画象形文字、早于拉班舞谱、敦煌舞谱的东巴舞谱、哈尼族的竹筒舞、傣族的孔雀舞、白族的情歌对唱、彝族的摔跤、哈尼族的斗鸡、傣族的泼水节、拉祜族的火把节、大理三月街、傣族的竹楼、白族的四合五天井、三方一照壁、阿诗玛的传说、佤族的服饰、白族掐新娘婚礼、扎染的工艺、竹筒饭、汽锅鸡、过桥米线、三道茶等。山川固然美，风情更迷人。

云南聚集26个民族，各个都有绚丽的风俗画卷。民族的评议、文字、宗教、民居、节日、婚礼、歌舞、乐器、服装首饰、手工艺品、体育、饮食文化等，凡善良的民俗，都是民族的"活"的文化，中华的瑰宝。

二、被蚕食着的民间文化

改革开放的浪涛中，中外文化、各族文化、东西南北文化在融合，这必然带来对民间文化的冲击。人们对民间文化往往抱着金砖不识宝，身在福中不知福，甚至把精华当糟粕，脏水孩子一起泼，无意识地破坏摧残民间文化。例如纳西族的东巴教，是佛、道、基督、天主、伊斯兰教之外的一种原始宗教，创造了辉煌的图画象形文字。新中国成立后，人们把东巴教当作封建迷信批判，致使现在只有极少数年迈的老东巴使用东巴文字，年轻的纳西人已不认识图画象形文字了，这些老东巴均已七八十岁，再过几年这些人死后，东巴文字将失传，"活"化石变成"死"文物。

基诺人原过着原始父系的民族社会生活。20世纪60年代，人们"帮助"基诺人"一步迈到社会主义"，以致于基诺人原有的生活方式土崩瓦解，最后在1981年彻底拆除了基诺山上的父系大家庭的建筑——大木房子。人类社会发展阶段父系氏族社会形态的"活"标本，毁于当代人手里，令人痛心。

傈僳人的结绳记事，现已无人使用。如何结绳，怎样记事，给许多人留下的只有悬念。

云南的一路，除苍山宾馆门口的服务员等个别人外，已看不到穿民族服装的男子了。问一位民族干部为什么不穿本民族的服装，他说"我们进步了"。这是"进步"吗？在傣族村寨，我们看到一些先富起来的傣族人盖起了汉式二层小楼，犹如羊群中的骆驼，十分扎眼。如不加以引导，人们富裕起来后，很可能摒弃传统民居，盖起洋楼。倘若是千篇一律的汉式民俗，哪还有绚丽多彩的民族风情画卷！

三、亟待保护的民间文化

封闭的社会，最易保留民间文化。改革开放，必然带来对民间文化的冲击，怎样在开放形势下保存利用弘扬民间文化，是一个亟待解决的问题。为保护民间文化，特提几点建议：

第一，保护民间文化，首先应当树立一个观念，即凡善良民间文化，越是民族的，越是先进的，越是世界的。

20世纪80年代，联合国教科文组织及世界知识产权组织制定了《保护民间文学表达形式，防止不正当利用及其它侵害行为的国内法示范法条》。该示范法罗列的民间文学表达形式丰富，包括口头表达形式，诸如民间故事、民间诗歌及民间谜语；音乐表达形式，诸如民歌及器乐；活动表达形式，诸如民间舞蹈，民间游戏，民间艺术形式或民间宗教仪式；有形的表达形式，诸如：（1）民间艺术品，尤其是笔画、彩画、雕刻、雕塑、陶器、拼花（拼图）、木制品、金属器皿、珠宝饰物、编织、刺绣、纺织品、地毯、服装样式；（2）乐器；（3）建筑艺术形式。国际上从60年代开始强调保护民间文化，也是发展中国家副部长与发达国家不平衡的高科技贸易关系而采取的斗争策略。我国实行改革开放，与国际接轨，更应注重保护自己的民间文化。

第二，立法是保护民间文化的重要方式。我国制定了文物保护法、野生动物保护法、矿产资源法等，可是没有民间文化的保护法。我国著作权法写了应当保护民间文学艺术作品的著作权，但应当看到，著作权对民间文化的保护是苍白无力的。民间文化主要应当用行政法保护。我国文物保护法只保护"死文物"，不保护"活"文化，而"活"的文化往往更珍贵。若不是纳西人民保留了唐宋古乐，谁人又能聆听瀚海的千年之音？故建议制定《中华人民共和国民间文化保护法》。

制定保护民间文化的法律，需两条腿走路，除国家立法外，建议有立法权的地方人大应积极制定保护当地民间文化的条例，如云南省人大制定云南省民间文化保护条例，云南大理白族自治州人大制定大理白自高自大民间文化保护条件，云南丽江纳西族自治县制定东巴文化保护条例，云南宁蒗彝族自治县制定摩梭人阿夏婚姻保护条例。

第三，组织开展民间文化普查工作。制定民间文化保护法的基础工作之一是普查民间文化，或本民族内横向全面普查，或跨民族纵向单项普查，弄清应保护的民间文化有哪些。

第四，建立民间文化等级评定制度，犹如评定文物等级那样，确定哪些民俗属一级"活"文化，哪些属二级、三级、四级。例如，大理白自高自大的三道茶，一道苦二道甜三道回味，曾昌唐代南诏国王赏赐群臣的宫廷茶，白族人民保留下来，招待尊贵的客人，三道茶十分有特色，可谓一级民间文化。

第五，根据在云南一路看到的，感到当地应亟待保护以下几项民间文化：

（1）东巴宗教、图画象形文字文化面临断代失传的危险，应当重振东巴文化，从娃娃抓起，将东巴文化纳入义务教育，使之世代相传，别让古老的东巴文化断于我们这代人手中。

（2）以旅游为契机，动员基诺人模拟地重过父系民族生活，恢复这块宝贵的"化石"。

（3）民居建设提倡保质民族式样，特别是在旅游地区，禁止民居汉化。

（4）提倡穿民族服装，特别是在风景旅游区域，商业服务业人员都应穿民族服饰。

（5）云南省旅游局张宝贵副局长表示挖掘整理云南民族食文化，应当予以支持，这既保护了民间饮食文化，又开发了旅游资源。

（6）保护摩梭人阿夏婚姻文化。

1996年11月8日

亟待保护的摩梭母系文化

一、摩梭人

云南宁蒗和四川盐源合抱着一个形如曲颈葫芦的高原湖泊，这就是神秘的泸沽湖。它之所以神秘，并非这里山色湖光奇特，而是由于泸沽湖四周生活着四万多至今保留母系氏族婚姻家庭文化的摩梭人，人称"女儿国"。"女儿国"是"只知其母，不知其父"吗？阿夏是亚血缘群婚、对偶婚，还是一夫一妻制婚姻？摩梭人使用的猪槽船是上古人"刳木为舟"的再现吗？摩梭人的母系文化真是令人横生无限遐想。

遥忆忽必烈大军征西南，挥戈凉山。《元史》记下当年的摩梭人泥月乌巳传三十一世，推算南北朝时摩梭先民就已繁衍于泸沽湖畔。自元朝起，摩梭人实行土司制，这种制度一直延续到民国年间。新中国成立后摩梭人和全国人民一道进入社会主义。摩梭人在云南被划归纳西族，在四川被划归蒙古族，摩梭人自认为应是单独的摩梭族。摩梭人有自己的语言，没有单独的文字，新中国成立前使用藏文，新中国成立后使用汉文。摩梭人有转山节、成丁礼等风俗，摩梭人能歌善舞，许多摩梭女天生一喉才旦卓玛的嗓音。

二、阿夏婚姻

摩梭人至今保留着母系氏族的遗俗，突出表现为阿夏婚姻。阿夏婚姻俗称走婚，指建立婚姻关系的男女，男不娶，女不嫁，双方各居母家，只是在夜间男到女家花楼过夜，清晨男归母家的夫妻形态。这种婚姻不需要登记。阿夏婚姻在一些教科书上称为阿注婚，这是不确切的，阿注在摩梭语中是朋友的意思，而阿夏指情侣。

摩梭成丁后的男女在生活、劳动中产生了感情，有了阿夏关系，开始是秘密的，晚间男子到了女家门口，女子悄悄地将心中人领到花楼过夜，天刚亮时男子离开女家。随着双方情感的发展，男女阿夏关系公开化，男子便径自到女子家过夜，还可以受到女方家庭成员的款待。一旦有了子女后，男女之间的阿夏关系往往比较固定。

每天黄昏时分，泸沽湖的田间小路可以见到匆匆赶往各自女阿夏家过夜的走婚男子；次日天蒙蒙亮时，他们又匆匆回母亲家开始白天的生活。这种情形仿佛令人看到婚姻辞源的影子了。婚姻，古称昏姻。昏者，昏时行礼，故称昏。姻者，妇人因夫，故称姻。古时娶妻之礼，以昏为期，日入后二刻半为昏，婿以昏时而来，妻因之而去。古时婚姻重亲迎，亲迎在黄昏之时，这可能沿袭着母系社会的习俗。

阿夏婚姻只能在一男一女之间进行，一人不能同时与数人走婚。阿夏婚姻以感情为基础，走婚男女感情破裂，双方就分手。分离后的男女可再与其他人走婚。

阿夏男女只有性生活关系，没有其他权利义务关系。阿夏男女所生子女，随母姓，属于女方家庭成员，由女方家庭抚养。生父对女子没有抚养的义务，但可以到女家看望女子，女儿对生父家的财产也没有继承权。

三、母系氏族家庭

基于摩梭人按母系计算血统，家庭应属母系氏族家庭。妇女是家庭的中心成员，家长由一位能干的长辈妇女担任。在母系大家庭成员中，前庭成员一般有十余人。同辈的男女之间称姐妹兄弟，对上一辈的妇女称母亲，没有姨的称谓，对上一辈的男子称舅舅，对上二辈的妇女称祖母，对上二辈的男子称舅祖父。同辈姐妹不论谁生的子女，都视为自己生的子女，一视同仁。子女对自己的生母及其姐妹均称母亲。

在母系氏族家庭，舅掌礼仪母掌权，财产关系为家庭共有。每个家庭的收入均交家庭，个人无私蓄。财产由家长统一支配，家庭成员共同享用。

四、木房四合院和猪膘肉

摩梭民居的建筑风格是木房四合院，一个母系氏族家庭居住于一个四合院中。四合院由正房、花楼、畜圈四合而成。正房多坐西朝东，意寓朝着太阳升起的地方。正房由家长居住，内设火塘、伙房，全家人吃饭在火烧火燎塘旁。正房的两侧是花楼，花楼为二层，由许多单间形成，是其他家庭成员居住的地方。正房的对面是畜圈，饲养羊、牛、猪等牲畜。摩梭人的房屋均是由木头垛成。一些木房很坚固，百年不朽。例如云南宁蒗县宁乡洛水竹地村的一户摩梭人家，正房居住着老姐俩，长者99岁，次者92岁，她们自幼居住在这里，她们出生时已是家庭的第四代人，这样木房究竟建成多少年，有待考证。烟熏火燎是木房拒虫抗腐的重要原因，这里蕴藏着摩梭的建筑科学。

摩梭人饮食文化最突出的是猪膘肉。摩梭人将猪杀死后，去头、去尾、去四脚、去骨、去内脏，在腹腔内加盐、花椒后缝合，放置在正房内近火厨的地上。猪肉越放越香，许多都放置十多年方食用。猪膘肉不冷藏不加防腐剂却能长期存放，堪称奇迹。

五、摩梭母系婚姻家庭文化存续的探讨

人类的婚姻家庭状态经历了乱婚、血缘婚、亚血缘婚，对偶婚、一夫一制婚姻的发展过程。在原始社会早期，生产力极端低下，原始人过着群体的生活，同一群体的男女盛行着毫无限制的杂乱的性交关系，每一个女性都属于每个男性，每个男性也属于每个女性。随着社会生产力的缓慢发展提高和自然选择的作用，人类的婚姻关系演变为群婚制。血缘群婚制是群婚制的低级形式，这种婚姻是根据世代划分的，在同一群体内，同一辈分的男女互为夫妻，排除不同辈分的直系血亲间的两性关系。随后，血缘群婚发展为亚血缘群婚，亚血缘群婚又称普那路亚家庭，为群婚制的高级形式，它仍然是一种同辈男女间的集团婚，但仍排除了兄弟和姐妹间的婚姻。对偶婚是母系氏族晚期产生的婚姻关系形态，指一个男子在许多妻子中间有一个主妻，而他对于这个女子来说也是她的许多丈夫之中的一个主夫。人类进入父系氏族社会后，一夫一妻制婚姻便取代了对偶婚，延续至今。

摩梭人的走婚似乎介于对偶婚与一夫一妻制婚姻之间，可属对偶婚的晚期，是对偶婚向一夫一妻制婚姻过渡的婚姻形态，它已由同时与数人发生婚姻关系发展为一对男女间的阿夏关系。

一夫一妻制产生发展已有千年的历史，今天，摩梭人却依然保留着母系氏族婚姻家庭文化，风吹不倒，雨打不散。究其原因，母系氏族家庭文化自身的某些优越性恐怕是其顽强生存的内在因素。

摩梭母系氏族婚姻家庭文化的优势首先表现于家庭祥和。摩梭家庭成员均源于同一女祖先，没有外姓人，也就没有夫妻、婆媳、姑嫂、妯娌等复杂、难处的家庭关系。摩梭兄弟姐妹之间自幼共同生活，兴趣相投，情同手足，其他家庭成员之间也是水乳交融，亲密无间。摩梭人终身生活在这种温馨的家庭中。

摩梭母系氏族家庭人口较多，劳动力充沛，有利于生产、生活上的分工，抗风险力强。泸沽湖外的家庭一般人口少，劳动力少，一旦出现人祸，有时便难以为济。

走婚的阿夏男女晚宿晨散，只有夜生活关系，因此双方的交往以爱情为基础，男子总是女方的客人，双方相敬如宾，亲密无间，无需顾及柴米油盐醋，即使分手，也不殃及子女。泸沽湖外的一些男女有时发出"结婚是爱情的坟墓"、"二人走到头了"的叹息。婚后由于双方没有制约的手段，一些夫妇常为生活琐事争吵不休，甚至动手动脚。夫妻的离异更易为子女留下阴影。

摩梭妇女走婚不出嫁，也避免了错嫁的风险。泸沽湖外女大当嫁，一些妇女有"嫁鸡随鸡，嫁狗随狗"的陈旧观念，难避出嫁风险，跟错了人家，半辈子倒霉。

摩梭人是否知其母，不知其父？阿夏婚会否导致近亲繁衍，人口素质下降？实际无需为此担忧。摩梭人是知其父的，泸沽湖就那么大，谁与谁走婚，村里人都是知道的，他们的子女不会发生走婚关系的。摩梭人体格强壮，加之家庭和睦，与世无争，心境平和以及泸沽湖水养人，故摩梭人长寿者较多，百岁老人不罕见。

摩梭母系氏族家庭通常有十余成员，家庭人数超过二十后，就不便管理，导致分家。为了不分家，摩梭女走婚时很注意节育，因此，摩梭人口增长缓慢。新中国成立初时宁蒗有一万余摩梭人，20世纪90年代人口统计，仍为一万多人，略增无几。

六、亟待保护的摩梭母系文化

摩梭人的母系文化是人类母系氏族社会的最后一片缩影，对于当今世界存留的这块"活化石"，人们对它的看法并不一致。有人认为摩梭文化是落后的原始社会的遗孑，与社会主义社会根本不相容，必须让它"进步"起来。20世纪70年代初，云南有的同志认为阿夏婚姻与一夫一妻制的原则相违背，于1972年、1973年、1974年到泸沽湖"整顿"，强令走婚的男女按一夫一妻制结婚，否则不发口粮。经这场"摧残"，有20%的摩梭人建立了一夫一妻制的小家庭，但他们又支持自己的子女走婚。

摩梭人对自己的特有文化有时也不够珍惜。例如，自古以来到20世纪70年代一直使用的猪槽船现已绝迹，已见不到荡漾在泸沽湖的独木船，取而代之的是新式木船。摩梭人有自己的特色服饰，但现只有老年人穿戴，摩梭青年男女均已是汉式衣裤，甚至在晚会上，摩梭小伙子们也是西装革履，衣着已没有特色。旅游开发部门投资千万元在泸沽湖畔盖宾馆，可是但见高楼起，不见摩梭四合院。至今也没有专门研究开发摩梭文化的机构和专职人员。

摩梭母系氏族婚姻家庭文化亟待保护。建议国家修改婚姻法时留阿夏婚姻立锥之地。云南宁蒗和四海盐源人大常委会可制定摩梭母系文化的保护条例。一夫一妻制是人类的一种婚姻形态，虽产生发展了几千年，但也有灭亡之日，保留阿夏婚姻供后人选择；改进婚姻形态或许有令人预料不到的意义。在其他方面如建立摩梭母系文化博物馆，保护弘扬摩梭人的四合院、猪膘肉、猪槽船、语言、服饰、歌舞等方面也应有所作为。人们踏进泸沽湖，进入眼帘的是一派"女儿国"风光。

1996年11月8日

1998年法律出版社出版了著者的《民事立法札记》，在《民间文化保护立法札记》中，著者写了这样的［按］：

［按］1982年制定文物保护法时，曾为该法未保护"活文物"而遗憾。1990年制定著作权法，研究了民间文学艺术作品，感到著作权难以对它保护。1996年赴云南调查旅游合同，强化了保护民间文化的直感，10月28日在宁蒗彝族自治县人大座谈会上，迸发"拉开民间文化保护立法的序幕"的心声。之后写下《救救应当保存的民间文化》、《亟待保护的摩梭母系文化》两篇随感。愿各方共同努力，促使民间文化保护法的制定早日起步。这是一项功在当代、利在千秋的事业。

第三节　秦砖汉瓦陶瓷片

著作权法制定后，著者常向人们宣传民间传统文化的保护。民间传统文化是无形财产，很空，说起来常让人觉得没有抓头，于是乎著者就收集实物。著者开始收集传统物品，拿着实物宣讲民间传统文化。最早是在徐州收集到的是一块西汉瓦当的残品，坚硬无比的汉瓦片蕴藏着民间传统文化。随后逐渐收集了许多砖瓦陶瓷片和一些小构件。收集到的东西用于赠送大家，谁喜欢哪个就挑哪个，让更多的人感受民间传统文化。

这些年一些地方进行旧城改造，搞所谓现代化，拆了不少古建筑，真可惜。记得1972年著者回到北京，坐公共汽车到阜成门下，一下车不见了阜成门。门呢？没有了。著者以为下错了车，一看站牌，确实是阜成门，再一问，前两年拆掉了，北京的城墙都拆了。近些年北京搞过一阵子"危改加房改"，一片片四合院被剃了平头，一夜间数条胡同就能消失。现在搞"微循环"，一条胡同一条胡同地改造，好多了。

老建筑上有不少精美的瓦当，带字的古砖，漂亮的砖雕石雕，人家拆着者就收，收集了不少，出土的陶瓷片就更多了。人们从著者这儿取走这些老东西，有的拿不动就用车拉，怎么也有几十车了。送出去的陶瓷片更多，数以几十万计，一些爱好者整箱整箱地搬。有一年著者到杭州参加民间收藏家会议，著者"只收不藏"弘扬传统文化的大会发言赢得与会者的热烈掌声。这样做的目的就是宣传民间传统文化，增加更多人的保护意识，大家齐心促进民间传统文化保护法的出台。（图版1、图版2、图版3）

这是著者首次在著作中插配照片，这些图片与所示非遗也非一一工整对应，有些仅为此类传统文化的示意，故特做本说明。

第四节　第二次买假画

那年到桂林游大墟古镇，一位画店的店主很热情地邀请我们进店看他的画，他拿了一本他的钢笔画，说什么美国国会图书馆要收他都不卖，其实那画画得很不怎么样。见我们没兴趣他又拿出一幅大墟古镇的钢笔画，说这是他的亲笔画。还说那是在非典期间，没人来买东西，他闲着没事，就用了八个月的时间创出这幅画。那幅画仿张择瑞清明上河图的结构，画了很多民国年间的人物。他说有人让他在古镇画面上加这些人物，有了这些人物这幅画就有文化内涵了。我问他这幅画多少钱，他说了个价我就付了钱。之后我问他这画怎么做出来的，他一听就毛了，赶忙道出了实情。我说："我这是第二次买假画，这次买假画不是为了索赔打假。这幅画毕竟是你画你的家乡大墟古镇，你开口要那个钱我就给你了那个钱，我买你的画，是为了鼓励你创作出更多体现你家乡的画。大墟古镇当年是秦始皇南征运军粮的码头，现在大墟古镇还存有十三个码头，希望你创作出大墟古镇十三码头的钢笔画。"他连连称是。这么多年过去了，也不知道他画了没有。（图版4、图版5）

第五节 众人拉序幕

从泸沽湖回京后，著者报告云南之行，并说："著作权管不了民间传统文化，民间文学艺术作品的著作权保护办法订不出来，民间文化应是著作权之外的一项民事权利，可以用民事、行政两种手段，大量靠行政法保护，建议单独起草民间文化保护法。"然有的同志说："那是封建的、落后的、让它自生自灭。"或许是著者没说清楚。著者深知学者无权决定立法起草事宜，但总可以宣传民间文化保护吧，做些力所能及的工作，推动民间文化保护法的启动。

著者来到全国人大教科文卫委员会文化室，找到张书义、朱兵，向他们递交了《救救应当保存的民间文化》、《亟待保护的摩梭母系文化》两篇游记，提倡民间文化保护，启动民间文化保护立法。心有灵犀一点通，大家志同道合，张书义还特别提到日本的文化财产。之后，张书义、朱兵为起草民间文化保护法做了卓有成效的工作。

时值国务院法制办教科文卫司贾明如调任文化部法规司，著者也将《救救应当保存的民间文化》、《亟待保护的摩梭母系文化》两篇游记送给他，并说："文化部管舞台的唱歌跳舞，很少问津民间传统文化，你出任文化部法规司司长，抓民间传统文化，定是亮点，必有成效。"不久，贾明如对著者说："我照你两篇游记的路线，也转了一圈。"他在文化部为弘扬民间传统文化做了有益的工作。后来听说贾明如不当司长了，但过是过，功是功。

著者还将《救救应当保存的民间文化》、《亟待保护的摩梭母系文化》两篇游记呈给郑成思委员，他看后说："你这两篇文章应当登社科院要报。"

在著作权法制定中，著者结识了作曲家王立平。王立平时任全国政协常委委员，他给全国人大常委会的一封信竟使著作权法推迟两个月表决，为著作权法制定得完善作出重要贡献。换届后王立平担任全国人大常委会委员，到任后他曾问我在人大做哪些事好，我向他建议抓民间传统文化的立法。他还两次亲自驾车把我从京西宾馆接回全国人大机关研究此事。我们还向社科院申报课题，填写表格，交了材料。无奈20世纪90年代初民间文化还没到那个份儿，申报的课题乏人搭理。王立平遂带全国人大常委会民族委员会的同志到吉林等地进行民间传统文化的立法调研，推动了民族民间传统文化立法的进程。

云南调查结束之际，在昆明，著者与云南人大法工委杨副主任长谈此行感受，建议他们率先制定云南民间文化保护的地方法规。《救救应当保存的民间文化》、《亟待保护的摩梭母系文化》两篇游记写成后，也寄给了云南同志，一心为促进云南民间文化保护法的出台尽微薄之力。

第九届全国人民代表大会期间，在李鹏委员长的动议下，全国人大法制工作委员会草拟《中华人民共和国民法（草案）》。2002年夏，在北戴河讨论草案知识产权条文草稿时，著者提出将民间传统文化作为一项独立权利在知识产权中单列，并口述九条记录在案。但也有的同志主张"一条都不要写"。

2004年8月28日第十届全国人民代表大会常务委员会第十一次会议批准我国加入《保护非物质文化遗产公约》，此后我国有关方面加紧非物质文化遗产保护法的起草工作。2005年7月，著者应邀参加了文化部在苏州举行的非物质文化遗产保护法草案的研讨会，针对草案只写行政保护不写民事保护的说明，做了非物质文化遗产保护法为什么要规定民事保护的发言。回京后，撰写了

《民间传统文化的民事保护》简报。2007年、2008年著者参加了国务院法制办教科文卫司召开的会议，参与起草非物质文化遗产保护法工作。

著者深知，制定一部法律要有千百人的劳动，民间文化保护立法的序幕要由众人拉，要靠千百人拉，自己是这千百人中的一份子，真诚愿为拉此序幕尽效自己的一分力量。

在众人的合力下，民间文化保护立法的序幕被徐徐拉开。

图版1.砖

图1-1 "北京窑"砖

图1-2 宝祥窑细泥停城 图1-3 荣升窑澄浆停城砖
砖

图1-4 大新样砖

图1-5 "兴李"

图1-6 "聚盛"

图1-7 达茂旗赵王城手印砖

图1-8 "陈祠"砖

图1-9 花边砖

图版2. 瓦

图2-1 清红釉"荷"瓦当

图2-2 清黑琉璃"龙"瓦当

图2-3 清绿琉璃"龙"瓦当

图2-4 "延年"瓦当

图2-5 清"荷"瓦当

图2-6 清"寿"瓦当

图2-7 清"寿"瓦当

图2-8 粤清"寿"瓦当

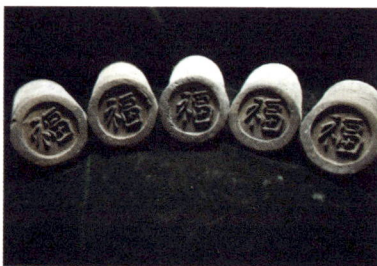

图2-9 宁兽头瓦当

图2-10 大昭夏宫兽头瓦当

图2-11 双9瓦当

图2-12 五福瓦当

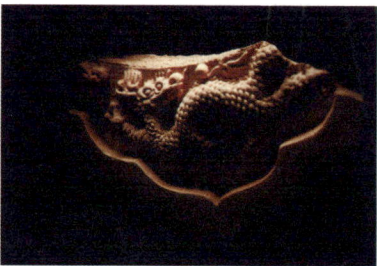

图2-13 黑琉璃"龙"滴水

图2-14 红釉"龙"滴水

图2-15 走"龙"滴水

图2-16 清"寿福"滴水

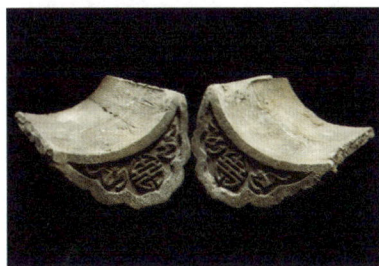

图2-17 清双"寿福"滴水

图2-18 清"福"滴水

图2-19 宁兽头滴水

图2-20 满汉文绿琉璃筒瓦

图2-21 黄琉璃板瓦"雍正"款

图2-22 请"四作邢造"黄琉璃板瓦

图2-23 "吉祥"瓦当

图2-24 朱仙镇岳庙滴水

图版3.陶瓷片

图3-1 明荷鹤

图3-4 "宣德年制"

图3-2 宋"和合轩"

图3-5 "大明成化年制"

图3-3 "明宣德年制"

图3-6 "大明隆庆年制"

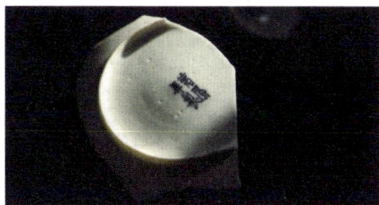
图3-7 "万历年制"

图3-8 "大清康熙年制"

图3-9 "康熙年制"

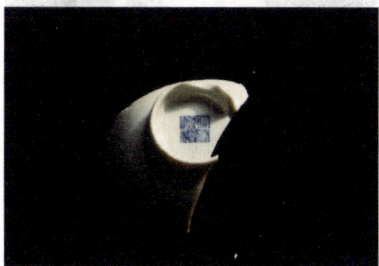
图3-10 大清乾隆年制

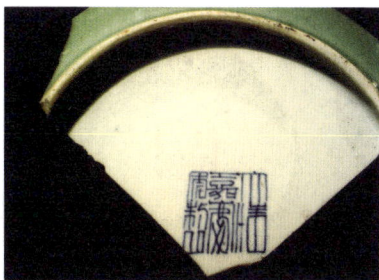
图3-11 "大清嘉庆年制"

图3-12 "大清嘉庆年制"

图3-13 "道光年制"

图3-14 "同治年制"

图3-15 瓷片"光绪年制"盘底

图3-16 文碗底

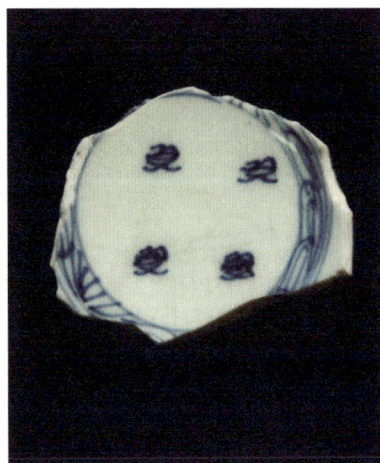

图3-17 花押

图3-18 辽鸡腿瓶二残片（杨景宇粘）

图3-19 "太阳"

图版4.第一次买假画

图4-1

图版5.大墟古镇

图5-1 大墟古街

图5-2 古村码头

图5-3 漓江渔歌

第二章 非物质文化遗产法的制定

第一节 国际上对非物质文化遗产的保护

　　20世纪中叶，为了保持文化的多样性，且协调发达国家与发展中国家之间的贸易差额，国际上开始保护民间传统文化。20世纪50年代日本颁布了文化财产保护法，60年代韩国颁布了文化财保护法，1976年的突尼斯样板版权法规定了保护民间文学艺术作品的条款。20世纪80年代，联合国教育、科学及文化组织（UNESCO）和世界知识产权组织制定了《保护民间文学表达形式，防止不正当利用及其他侵害行为的国内法示范法条》。联合国教科文组织1989年推出《保护民间创作建议书》，2001年发表《教科文组织世界文化多样性宣言》，2002年第三次文化部长圆桌会议通过《伊斯坦布尔宣言》，2003年9月29日至10月17日在巴黎举行的第三十二届会议制定了《保护非物质文化遗产公约》，该公约于11月3日由教科文组织总干事和大会主席签字生效。2004年12月2日， 中国常驻联合国教科文组织代表在巴黎向联合国教科文组织总干事递交了由中华人民共和国主席签署的《保护非物质文化遗产公约》批准书。这些文献促进了保护非物质文化遗产国际气候的形成。

第二节 我国对非物质文化遗产保护的初期立法

我国对非物质文化遗产保护的端倪见于1984年6月15日文化部颁发的《图书、期刊版权保护试行条例》，其第10条规定："民间文学艺术和其他民间传统作品的整理本，版权归整理者所有，但他人仍可对同一作品进行整理并获得版权。民间文学艺术和其他民间传统作品发表时，整理者应注明主要素材提供者，并依素材提供者的贡献大小向其支付适当报酬。" 1985年1月1日文化部颁发的《图书、期刊版权保护试行条例实施细则》第10条规定："民间文学艺术和其他民间传统作品发表时，整理者应在前言或后记中说明主要素材（包括口头材料和书面材料）提供者，并向其支付报酬，支付总额为整理者所得报酬的30％~40％。"那时没有非物质文化遗产一词，条例称其为"民间文学艺术和其他民间传统作品"。在20世纪80年代能写到这个程度已是很不简单了。

《著作权法》更进一步，第6条规定："民间文学艺术作品的著作权保护办法由国务院另行规定。"这里首先要提到郑成思老师，《保护民间文学表达形式，防止不正当利用及其他侵害行为的国内法示范法条》是他翻译的，他把国际社会这一先进动向告诉了中国。在著作权法制定中，国家版权局刘杲、沈仁干等领导召开国际研讨会，邀请外国专家一并探讨民间传统文化保护问题。全国人大法制工作委员会的人员也赴云南考查民间传统文化。有志者的共识，为民间传统文化在国家重要法律中写下了一笔。

非物质文化遗产保护的地方立法走在国家立法前头。2000年5月26日云南省第九届人民代表大会常务委员会第十六次会议通过《云南省民族民间传统文化保护条例》。2002年7月30日贵州省第九届人民代表大会常务委员会第二十九次会议通过《贵州省民族民间文化保护条例》。2004年9月24日福建省第十届人民代表大会常务委员会第十一次会议通过《福建省民族民间文化保护条例》。2005年4月1日广西壮族自治区第十届人民代表大会常务委员会第十三次会议通过《广西壮族自治区民族民间传统文化保护条例》。还有，2006年3月31日湖北省第十届人民代表大会常务委员会第二十次会议批准了长阳土家族自治县第六届人民代表大会第三次会议于2006年2月17日通过的《长阳土家族自治县民族民间传统文化保护条例》。一些地方政府也制定了保护非物质文化遗产的规章，例如苏州市人民政府于2004年5月26日颁布了《苏州市民族民间传统文化保护办法》。这些地方立法又促进了国家非物质文化遗产保护法的起草工作。

第三节　《中华人民共和国非物质文化遗产法》的制定

非物质文化遗产保护法早初起草时称民族民间传统文化保护法，2004年我国加入《非物质文化遗产保护公约》后改称非物质文化遗产保护法。2010年8月国务院将《中华人民共和国非物质文化遗产保护法（草案）》提请第十一届全国人大常委会第十六次会议审议。会后，全国人大常委会将《中华人民共和国非物质文化遗产保护法（草案）》及草案说明公布，向社会公开征集意见。2010年12月第十一届全国人大常委会第十八次会议第二次审议《中华人民共和国非物质文化遗产法（草案）》，该法的名称已去掉"保护"二字。2011年2月23日第十一届全国人大常委会第十九次会议召开，审议非物质文化遗产法草案，25日通过了《中华人民共和国非物质文化遗产法》。同日，国家主席胡锦涛发布《中华人民共和国主席令》第二十号，公布《中华人民共和国非物质文化遗产法》，该法自2011年6月1日起施行。至此，《中华人民共和国非物质文化遗产法》诞生。

《中华人民共和国非物质文化遗产法》简称非遗法，它是我国保护非物质文化遗产的基本法。这部法律的制定，必将极大地促进我国的非物质文化遗产保护，从而保持我国民间文化的多样性，增强各族人民的文化创造力，繁荣社会主义文化事业，促进精神文明建设，使中华文化更加灿烂辉煌。

第四节　非物质文化遗产法体系

非物质文化遗产法有狭义广义之称。狭义的非物质文化遗产法，指集中系统调整非物质文化遗产关系的法律。为了继承和弘扬中华民族优秀传统文化，促进社会主义精神文明建设，加强非物质文化遗产保护工作，第十一届全国人民代表大会常务委员会第十九次会议通过《中华人民共和国非物质文化遗产法》，这部法律即是狭义的非物质文化遗产法。

广义的非物质文化遗产法，除狭义的非物质文化遗产法外，还包括其他法律中相关非物质文化遗产的条款。与全国人大立法相衔接，国务院制的定的保护非物质文化遗产的行政法规，省、自治区、直辖市人大制定的保护非物质文化遗产的地方性法规，较大市的人大、民族自治县的人大制定的保护非物质文化遗产的条例，部委、地方政府制定的保护非物质文化遗产的规章，最高人民法院做出保护非物质文化遗产的司法解释，也属广义的非物质文化遗产法。《中华人民共和国非物质文化遗产法》与其他广义的非物质文化遗产法共同构成保护非物质文化遗产的法律体系。

第三章　非物质文化遗产

第一节　非物质文化遗产的要素

联合国教科文组织在《保护非物质文化遗产公约》第2条为非物质文化遗产下的定义是：非物质文化遗产指被各群体、团体、有时为个人视为其文化遗产的各种实践、表演、表现形式、知识和技能及其有关的工具、实物、工艺品和文化场所。我国非物质文化遗产保护法也在第2条中对非物质文化遗产做了相同规定："本法所称非物质文化遗产，是指各族人民世代相传并视为其文化遗产组成部分的各种传统文化表现形式，以及与传统文化表现形式相关的实物和场所。"从以上定义可以看出，非物质文化遗产有以下要素：

第一，非物质文化遗产的主体是"各族人民"，表现为"各群体、团体、有时为个人"。

第二，非物质文化遗产是世代相传的文化遗产。非物质文化遗产须是遗产，这种遗产是世代相传的，其核心是非物质的。历史上曾有、但未被传承下来已失传的文化，不属于非物质文化遗产，如古乐器筑的奏法、越人悬棺、僰人悬棺（图版6）。当今社会刚刚出现的文化现象，不是非物质文化遗产，如央视"3·15"晚会、小品、深圳农民工街舞。历史上传承下来的思想学说，虽是非物质的文化，但不是此非物质文化遗产，如孔孟之道、马列主义。

第三，非物质文化遗产是优秀的文化遗产。非物质文化遗产是先进的，是善良的，是文化精华。文化糟粕，如女人裹脚穿"三寸金莲"（图版7）、童养媳，不属于非物质文化遗产。

第四，非物质文化遗产的细胞是特征突出的非物质文化遗产文化元素。这些文化元素各异，组合排列就能构成色彩鲜明的非物质文化遗产。例如，一看农乐舞就是朝鲜族的，一听长调就知蒙古族，花儿一唱就是西北的，新疆花帽一戴就显维吾尔族形象。非物质文化遗产的文化元素已步入公有领域，他人可以任意使用。

第五，非物质文化遗产的表现形式丰富。被各族人民认为是其文化遗产的各种实践、表演、表现形式、知识和技能，都属于非物质文化遗产。这些多姿多彩的非物质文化遗产，有的固定成非物质文化遗产作品，也就是著作权法所称的民间文学艺术作品，如孟姜女哭长城的传说。非物质文化遗产的表现形式不同，保护的方式也有异。

第六，非物质文化遗产代代相传，但非一成不变，它也在演绎发展。联合国教科文组织的《保护非物质文化遗产公约》规定："各个群体和团体随着其所处环境、与自然界的相互关系和历史条件的变化不断使这种代代相传的非物质文化遗产得到创新，同时使他们自己具有一种认同感和历史感，从而促进了文化多样性和人类的创造力。"世代相传的非物质文化遗产不是老气横秋、凝固不变的，它朝气蓬勃、不断向前，随着社会的发展也赋予自身新的内容，但此变化是缓慢的。例如龙尾的造型，秦汉时期是蛇状秃尾巴，明清后呈大尾状，尤为壮观。然事物都有两面，非物质文化遗产既可以向前发展，也会衰败、没落、被历史淘汰。例如，一些手工技艺因缺乏市场日渐萎缩，一些地方剧种因无人传承而已消失。

第七，非物质文化遗产通常并非都是非物质的。非物质文化遗产一般可分为两部分，一部分是"各族人民世代相传并视为其文化遗产组成部分的各种传统文化表现形式"，"被各群体、团体、有时为个人视为其文化遗产的各种实践、表演、表现形式、知识和技能"。此为无形财产，是非物质文化遗产的灵魂部分。另一部分是"以及与传统文化表现形式相关的实物和场所"，"及其有关的工具、实物、工艺品和文化场所"。此为有形财产，是非物质文化遗产的辅助部分。例如古琴、针灸。古琴的奏法、针灸的针灸术，属无体的非物质文化遗产，演奏的古琴、医治的银针，属有体的非物质文化遗产。无体加有体，共同构成非物质文化遗产，缺一不可。古琴不能弹奏，是个摆设；没有琴身，弹奏无从下手。没有银针，针灸不能施之；仅有银针不知针法，也无法治疗。可见，这类非物质文化遗产不光是非物质的文化，也有物质的文化。

某些非物质文化遗产仅靠无体部分，无需实物或场所辅助，也构成非物质文化遗产，如语言、太极拳术。

第二节　非物质文化遗产的种类

我国《非物质文化遗产保护法》第2条规定："非物质文化遗产包括：（1）传统口头文学以及作为其载体的语言；（2）传统美术、书法、音乐、舞蹈、戏剧、曲艺和杂技；（3）传统技艺、医药和历法；（4）传统礼仪、节庆等民俗；（5）传统体育、游艺；（6）其他非物质文化遗产。"联合国教科文组织的《保护非物质文化遗产公约》第2条规定："按上述第1段的定义，'非物质文化遗产'包括以下方面：（1）口头传说和表述，包括作为非物质文化遗产媒介的语言；（2）表演艺术；（3）社会风俗、礼仪、节庆；（4）有关自然界和宇宙的知识和实践；（5）传统的手工艺技能。"从以上规定可见非物质文化遗产种类繁多，表现形式十分丰富，主要有：

一、语言文字

（一）语言

人类大约在五万年前于交往中创造了语言，语言是人类的首项传统文化。我国《非物质文化遗产保护法》和联合国教科文组织《保护非物质文化遗产公约》都在非物质文化遗产种类的第一项中提及语言，以示其地位。汉语是我国的国语，此外还有蒙语、藏语、维语、壮语等，现存大约130余种，但有的语言已经走向濒危。（图版8）

世界范围内，汉语之外，英语挺拔独秀，法语、俄语、德语、西班牙语、阿拉伯语、日语等语言也各领风骚。然在全球化浪潮的袭击下，加之某些人们对语言这一人类文化的冷漠，使不少语种濒临灭绝。联合国教育科文化组织2009年2月19日在巴黎发布了2009年国际濒危语言地图集，表明全世界现存6 000多种语言，有2 511种语言处于脆弱、危险或非常危险的境地，面临从地球上消亡的风险。而2001年统计的世界濒危语言数目为900种，仅8年，濒危语言翻了3倍。要维护语言的多样性，拯救濒危语言。

（二）文字

文字是人类文明的标志，是仅次于语言排居亚位的非物质文化遗产。世界上有多种文字。联合国教科文组织《保护非物质文化遗产公约》用英文、阿拉伯文、中文、西班牙文、法文和俄文拟定，六种文本具有同等效力。

汉字是我国的国字。此外，许多少数民族也有本民族的文字，如蒙文、满文、藏文、彝文，也还有遗存坡芽歌书、依特俄勒文、东巴图画象形文、水书、女书等。中国古代亦曾出现过西夏文、岣嵝文、安顺古布依红崖天书等文字。

汉字，自仓颉造字始，沿着陶文、甲骨文、金文、大小篆、行草楷书的脉络一路走来。中国何以能成为世界四大文明古国唯一延续至今的国家？华夏文化为何传承五千年不间断？世人同声：汉字居头功。

不可漠视汉字这一国粹级的非物质文化遗产。"五四运动"

时期和新中国成立初期，有人以方块字难学为由，要求废除汉字改用拼音字，可见将文字列为非物质文化遗产的重要性。又如纳西东巴象形图画文字，若不是近年的弘扬，险些断代，成为另一个"甲骨文"。（图版9）

二、传统口头文学、美术、书法、音乐、舞蹈、戏剧、曲艺和杂技

传统口头文学，传说、故事等，口口相传，代代如此，成为非物质文化遗产。例如，盘古开天地、女娲补天、三皇五帝、尧舜禹传说，鹰的传说（图版10），二十四孝（图版11）、杨家将、莫愁女（图版12）、木兰从军、武松打虎（图版12）故事等等，丰富多彩的口头文学绚丽辉煌。

传统美术，如中国国画，水墨画法，丹青跃然，使宣纸呈出一幅幅精美画作，仅近代就造就出张大千、齐白石、徐悲鸿等一代大师。（图版13）

中国书法属世界非物质文化遗产，甲骨文书法、青铜钟鼎金文书法、大篆小篆书法、秦汉隶书、魏碑书法、行书、楷书、草书，绚丽多彩。王羲之的《兰亭序》乃千古绝唱，亦有欧阳洵、颜真卿、柳公权、赵孟頫、怀素、米芾等书法大家，而今又有启功、林岫、李志敏、罗峰、朱守道、卢中南等名家。

传统音乐，其中古琴已列为世界非物质文化遗产，又如纳西古乐的传承使今日人们能领略唐宋之音。（图版14）

传统舞蹈，各民族保留的民间舞蹈优美动人。然不少的传统舞蹈也在凋零。20多年前进行舞蹈普查，有2 211个舞蹈类遗产列入云南等19个省市《舞蹈集成》卷中，而现剩1 389个，消失822项，近37%。衰微之快，令人震惊。（图版15）

传统戏剧，昆曲、京剧是世界非物质文化遗产，地方戏剧的豫剧、秦腔、汉剧、越剧、粤剧、川剧变脸等丰富多彩，许多木雕石雕砖雕都刻划着精彩无比的戏曲剧目（图版16），遍布城乡的戏台也精巧玲珑（图版17）。但众多小剧种急剧灭绝。

我国戏剧品种，1949年时为360种，1982年为317种，2004年仅存260种，短短55年，134个传统剧种失传了，占总量的35%，令人痛心。

传统曲艺的形式多种多样，加相声、双簧、京韵大鼓、天津快板、山东快书、苏州评弹等。（图版18）

传统杂技，如顶碗、变戏法、船上竹技等，是我国传统杂技中的经典技艺。我国有吴桥杂技等诸多特色杂技。（图版19）

三、传统技艺、医药和历法

传统技艺。例如中国瓷器烧制技艺堪称古代第五大发明（图版20），至宋代的官窑官哥汝钧定更创辉煌，元明清青花誉满全球。又如我国在战国时期就出现铁器，冶铁锻造业主导了整个封建社会的手工产业（图版21）。还有传统的苏杭湘粤蜀绣法、蜡染法、东阳木雕、景泰蓝工艺、活字印刷术、传拓术（图版22）、纳西造纸法、一得阁墨汁制法（图版23）、馄饨侯馄饨捏法（图版24）、狗不理包子包法（图版25）、稻香村糕点做法（图版26）、建殴弓鱼技法，等等，都展现出能工巧匠的精湛手艺。

传统医药，中医药是国粹。藏、蒙、苗等医药也都是各族人民养生和与疾病斗争的结晶。（图版27）

历法。我国先人善观星象，古天文学领先。濮阳惊现五千年前贝壳堆出的"天下第一龙"，墓主人遗体骨架上下左右的人骨摆放呈青龙、白虎、朱雀、玄武四象雏形。商丘的阏伯台、郭守敬的观星台，都记载着中国灿烂的天象学。发达的天文领悟必能绘出历法图，青龙、白虎、朱雀、玄武四象又对应春夏秋冬四季变化，中国农历诞生。农历是我国传统历法，其中二十四节气是农耕的结晶，反映天人合一的自然规律。（图版28）

四、传统礼仪、节庆等民俗

传统礼仪，如传统婚礼，骑马挂花，坐花轿，拜天地等一派喜气洋洋的景象。

传统节庆，如春节、清明节、端午节、重阳节等。

其他传统民俗，如厂甸庙会、民族服饰（图版29）、长发风俗（图版30），又如属相十二生肖：鼠、牛、虎、兔、龙、蛇、马、羊、猴、鸡、狗、猪（图版31）以及魁星（图版32）、灶王爷、秦叔宝、尉迟恭门神（图版33）、钟馗（图版34）、阎王地狱信俗（图版35、图版36），等等。

五、传统体育、游艺

传统体育，如中国象棋、桥牌、太极拳、射箭、沧州武术。（图版37）

传统游艺，如踩高跷、荡秋千、抖空竹、打扑克。（图版38）

六、其他非物质文化遗产

非物质文化遗产种类繁多，未列在前述分类之中的，可归于其他类非物质文化遗产。

第三节　非物质文化遗产名录

我国《非物质文化遗产保护法》第16条规定："国务院建立国家非物质文化遗产代表性项目名录，对具有重大历史、文学、艺术、科学价值的非物质文化遗产项目予以保护。省、自治区、直辖市人民政府应当建立地方非物质文化遗产代表性项目名录，对本行政区域内具有历史、文学、艺术、科学价值的非物质文化遗产项目予以保护。" 联合国教科文组织《保护非物质文化遗产公约》规定了"人类非物质文化遗产代表作名录"和"急需保护的非物质文化遗产名录"，第16条内容为：人类非物质文化遗产代表作名录（1）为了扩大非物质文化遗产的影响，提高对其重要意义的认识和从尊重文化多样性的角度促进对话，委员会应根据有关缔约国的提名编辑、更新和公布人类非物质文化遗产代表作名录。（2）委员会拟订有关编辑、更新和公布此代表作名录的标准并提交大会批准。第17条内容为：急需保护的非物质文化遗产名录（1）为了采取适当的保护措施，委员会编辑、更新和公布急需保护的非物质文化遗产名录，并根据有关缔约国的要求将此类遗产列入该名录。（2）委员会拟订有关编辑、更新和公布此名录的标准并提交大会批准。（3）委员会在极其紧急的情况（其具体标准由大会根据委员会的建议加以批准）下，可与有关缔约国协商将有关的遗产列入第1段所提之名录。中国是世界四大文明古国之一，具有上下五千年文明史，传承的非物质文化遗产资源极为丰富，据目前统计就有87万余种，这其中一些代表性的项目已列入非物质文化遗产名录。

一、中国的世界非物质文化遗产

（一）中国入选"人类非物质文化遗产代表作名录"的项目

联合国教科文组织保护非物质文化遗产政府间委员会分别于2001年、2003年、2005年、2009年、2010年、2011年命名了六批"人类非物质文化遗产代表作名录"项目，中国入选计29项，是世界上入选项目最多的国家。中国入选"人类非物质文化遗产代表作名录"的项目为：

2001年1项：昆曲。

昆曲起源于明代，号称百剧之祖。昆曲表演包括唱、念、做、打、舞等，用锣鼓、弦索及笛、箫、笙、琵琶等管弦和打击乐器伴奏。昆曲唱腔及其旦、丑、生等角色的戏剧结构，对京剧等所有戏剧剧种都有着巨大影响。《牡丹亭》、《长生殿》是昆曲的保留剧目。（图版39）

2003年1项：古琴。

古琴已有三千多年的历史，是中国独奏乐器中最具代表性的一种。古琴有七根弦，十三个徽，通过十种不同的拨弦方式，奏者可以演奏出四个八度。古琴奏法有三种基本技巧：散、按、泛。"散"是空弦发音，其声刚劲浑厚，常用于曲调中的骨干音；"泛"是以左手轻触徽位，发出轻盈虚飘的乐音，多弹奏华彩性曲调；"按"是左手按弦发音，移动按指可以改变有效弦长以达到改变音高的目的。同一个音高可以在不同弦、不同徽位用散、按、泛等不同方法奏出，音色富于变化。古琴艺术吸纳了大量优雅动听的曲调，演奏技法复杂精妙，且有独特的记谱法。古琴属精英艺术，所谓文人素养的"琴、棋、书、画"，其位居其首。古琴演奏是一种高雅和身份的象征，非大众艺术，阳春白雪和者甚寡。（图版40）

2005年2项：新疆维吾尔木卡姆艺术、蒙古族长调民歌（与蒙古国联合申报）。

新疆维吾尔木卡姆艺术是流传于新疆各维吾尔族聚居区的各种木卡姆的总称。"木卡姆"为阿拉伯语，是穆斯林诸民族的一种音乐形式，集歌、舞、乐于一体。维吾尔木卡姆艺术以"十二木卡姆"为代表，此乃十二套大曲，分别是：拉克、且比亚特、木夏吾莱克、恰尔尕、潘吉尕、乌孜哈勒、艾且、乌夏克、巴雅提、纳瓦、斯尕、依拉克木卡姆。

蒙古族长调民歌早在蒙古族形成时期就已经存在，是蒙古族草原、游牧生活和文化的标志性展示。中国的内蒙古自治区和蒙古国是蒙古族长调民歌主要的文化分布区。

2009年22项。 在2009年9月28日至10月2日举行的联合国教科文组织保护非物质文化遗产政府间委员会第四次会议上，中国申报的端午节、中国书法、中国篆刻、中国剪纸、中国雕版印刷技艺、中国传统木结构营造技艺、中国传统桑蚕丝织技艺、龙泉青瓷传统烧制技艺、妈祖信俗、南音、南京云锦织造技艺、宣纸传统制作技艺、侗族大歌、粤剧、格萨（斯）尔、热贡艺术、藏戏、玛纳斯、花儿、西安鼓乐、中国朝鲜族农乐舞、呼麦22个项目入选"人类非物质文化遗产代表作名录"。

端午节。两千多年前的五月初五，楚大夫屈原投江汨罗。人民纪念这位爱国诗人，把五月初五这天确立为端午节。端午节也由驱毒避邪的节令习俗衍生出各地丰富多彩的祭祀、游艺、养生等民间活动，主要有：祭祀屈原、纪念伍子胥、插艾蒿、挂菖蒲、喝雄黄酒、吃粽子、龙舟竞渡、除五毒等。（图版41）

中国书法以笔、墨、纸等为主要工具材料，以特有的笔划和笔墨韵律书写，塑造汉字的优美，抒发笔者的情怀。（图版42）

中国篆刻是以石材为主要材料，刻刀为工具，汉字为表象，由中国古代印章制作技艺发展而来，形成一门独特的镌刻艺术。2008年北京奥运会，篆刻"中国印"，舞动的"京"字倾倒万人，震撼世界。（图版43）

中国剪纸是用剪刀或刻刀在纸上剪刻出美丽的图案，贴在窗上、墙上等，美化环境，装点生活。在中国，剪纸作为一种民间艺术，具有广泛的群众基础，交融于各族人民的社会生活中。（图版44）

中国雕版印刷技艺是运用刀具在木板上雕刻文字、图案，再用墨、纸、绢等材料刷印、装订成书籍的一种技艺。雕版印刷术早于活字印刷，开创人类复印技术的先河。浙江南浔嘉业楼是古四大藏书楼之一，其雕版印刷曾创辉煌。（图版45）

中国传统木结构营造技艺是以木材为主要建筑材料，以榫卯为木构件的主要结合方法，以模数制为尺度设计和加工生产手段的建筑营造技术体系。七千年前河姆渡人就创出榫卯结构的干栏式木房，之后古代工匠的木斗拱更为精湛，中国传统木结构营造术创造了东方古建的辉煌。（图版46、图版47、图版48）下列3图表现传统木结构古建，官式古建筑可见图版217。

中国传统蚕桑丝织技艺。蚕桑丝织是中国的伟大发明，是中华民族认同的文化标识。它包括栽桑、养蚕、缫丝、染色和丝织等整个过程的生产技艺，期间所用到的各种巧妙精到的工具和织机以及由此生产的绫绢、纱罗、织锦和缂丝等丝绸产品，同时也包括这一过程中衍生的相关民俗活动。五千年来，中国传统蚕桑丝织技艺对我国历史作出重大贡献，并通过丝绸之路对人类文明产生深远影响。（图版49）

龙泉青瓷传统烧制技艺是一种具有制作性、技能性和艺术性的传统手工艺，至今已有1 700余年的历史。龙泉青瓷传统烧制技艺包括原料的粉碎、淘洗、陈腐和练泥；器物的成型、晾干、修坯、装饰、素烧、上釉、装匣、装窑；最后在龙窑内用木柴烧成。在原料选择、釉料配制、造型制作、窑温控制方面，龙泉青瓷具有独特的技艺。陈设瓷、装饰瓷、茶具、餐具等，是烧制技术与艺术表现的完美结合。龙泉窑烧制的"粉青"、"梅子青"厚釉瓷，淡雅、含蓄、敦厚、宁静，是中国古典审美情趣的表现。（图版50）

妈祖信俗。妈祖是中国影响最大的航海保护神。公元987年，福建省莆田市湄洲岛的妈祖为救海难而献身，该岛百姓立庙祭祀她，成为海神，湄洲岛是妈祖祖庙所在地。妈祖信俗是以崇奉和颂扬妈祖的立德、行善、大爱精神为核心，以妈祖宫庙为主要活动场所，以习俗和庙会等为表现形式的民俗文化。妈祖信俗传播到世界20多个国家和地区，为两亿多民众崇拜并传承至今。（图版51、图版52）

南音是集唱、奏于一体的表演艺术，是中国现存最古老的乐种之一。南音用泉州方言演唱，以琵琶、洞箫、二弦、三弦、拍板等乐器演奏，以"乂工六思一"五个汉字符号记写乐曲。南音音乐风格典雅细腻，演唱形式、乐器形制、宫调旋律、曲目曲谱及记谱方式独特。现存的三千余首古曲谱，保留了自晋起至清历代不同类别的曲目。

南京云锦织造技艺存续着中国皇家织造的传统，它采用"通经断纬"等技术在构造复杂的大型织机上，由上下两人手工操作，用蚕丝线、黄金线和孔雀羽线等材料织出龙袍等华贵织物。南京云锦因灿若云霞而得名。

宣纸传统制作技艺。造纸术是中国古代四大发明之一，东汉宦官蔡伦造纸名垂青史。宣纸是传统手工纸的杰出代表，具有质地绵韧、不蛀不腐等特点。自唐代以来，宣纸一直是书法、绘画及典籍印刷的最佳载体，至今仍不能为机制纸所替代。宣纸传统制作技艺有108道工序，对水质、原料制备、器具制作、工艺把握都有严格要求。这一技艺经口传心授世代相传，不断改进，与多种文化元素结合，对传承中华民族文化产生了深远影响。（图版53）

侗族大歌是无伴奏、无指挥的侗族民间多声部民歌的总称，包括声音歌、叙事歌、童声歌、踩堂歌、拦路歌。"众低独高"是其传统的声部组合原则，优美和谐是其鲜明的艺术品格，歌师教歌、歌班唱歌呈全民性的传承方式。

粤剧是用粤语方言演唱的戏剧，有三百余年的历史。粤剧吸纳了多元的音乐、戏剧元素，将梆子、二簧声腔与粤方言音韵予以最完美的结合，创造性地拓展了中国戏曲的艺术表现，成为中国南北戏曲艺术的集大成者，渗透在岭南的传统和现代生活中。

《格萨（斯）尔》是关于藏族古代英雄格萨尔神圣业绩的宏大叙事。史诗讲述了格萨尔王为救护生灵而投身下界，率领岭国人民降伏妖魔、抑强扶弱、安置三界、完成人间使命，最后返回天国的英雄故事。史诗凭艺人的说唱，在西部高原广大牧区和农村流传千年。

热贡艺术主要指唐卡、壁画、堆绣、雕塑等佛教造型艺术，是藏传佛教的重要艺术流派。肇始于13世纪的热贡艺术，主要分布在青海省黄南藏族自治州同仁县隆务河流域的吴屯、年都乎、郭玛日、尕沙日等村落，其内容以佛教本生故事、历史人物和神话传说等为主。热贡艺术以其鲜明的地域特色，为信仰藏传佛教各族僧俗群众所喜爱。（图版54）

藏戏是带着面具、以歌舞演故事的藏族戏剧，形成于14世纪，流传于青藏高原。常演剧目为八大传统藏戏，内容是佛经中劝善惩恶的神话传说。

《玛纳斯》是柯尔克孜史诗，传唱千年，为中国三大史诗之一。《玛纳斯》篇幅宏大，其中最有名的是玛纳斯及其后世8代英雄的谱系式传奇叙事，长达23.6万行，反映了柯尔克孜人丰富的传统生活，是柯尔克孜人的"百科全书"。

花儿是流传在中国西北部甘、青、宁三省（区）的汉、回、藏、东乡、保安、撒拉、土、裕固、蒙等民族中共创共享的民歌，因歌词中把女性比喻为花朵而得名。花儿产生于明代初年，分为"河湟花儿"、"洮岷花儿"和"六盘山花儿"三个大类。人们除平常在田间劳动、山野放牧和旅途中即兴漫唱之外，每年还要举行规模盛大的民歌竞唱"花儿会"。

西安鼓乐是流传在西安及周边地区的鼓吹乐。乐队编制分敲击乐器与旋律乐器两大类，演奏形式分为坐乐和行乐，使用唐宋俗字谱的记写方式。乐曲结构庞大、风格典雅，是中国传统器乐文化的典型代表。（图版55）

中国朝鲜族农乐舞是集演奏、演唱、舞蹈于一体，反映传统农耕中祭祀祈福、欢庆丰收的民间表演艺术。舞蹈具有生态、纯朴、粗犷、和谐的特征。舞前踩地神祭祀，表达了尊重自然、依靠自然的原始信仰。舞者伴随唢呐、洞箫、锣鼓的节拍欢歌起舞，表达了追求吉祥幸福的美好愿望。场面热烈奔放，民族特色鲜明。（图版56）

呼麦是蒙古族创造的一种神奇歌唱艺术：一个歌手纯粹用自己的发声器官，在同一时间里唱出两个声部，这在中国各民族民歌中是独一无二的。呼麦主要在内蒙古自治区的锡林郭勒、呼伦贝尔、呼和浩特及新疆自治区阿尔泰山一带的蒙古族居住地。

2010年2项：京剧、中医针灸。

京剧是中国国剧，是融唱、念、做、打于一体的戏剧表演艺术。京剧产生于清晚期，徽班入京，促进京剧成熟。京剧的音乐以西皮、二黄声腔为主，京剧的唱词和念白吸收了北京等地方方言，遵循严谨的格律与字韵。京剧以程式化、象征性的虚拟表演为特色，注重手、眼、身、法、步的综合运用，表达了传统中国

社会的戏剧美学理想。《红灯记》、《林海雪原》、《沙家浜》是脍炙人口的现代京剧。（图版57）

针灸是针与灸的合称，中医之重要组成部分。中医针灸是中国人以天人合一的整体观为基础，以经络俞穴理论为指导，运用针具与艾叶等主要工具和材料，通过刺入或薰灼身体特定部位，以调节人体平衡状态而达到保健和治疗的传统知识与实践。

2011年1项：皮影戏。

（二）中国入选 "急需保护的非物质文化遗产代表作名录"的项目

2009年，联合国教科文组织保护非物质文化遗产政府间委员会第四次会议上，我国的羌年年俗、黎族传统纺染织绣技艺、中国木拱桥传统营造技艺三个项目入选了 "急需保护的非物质文化遗产名录"。

羌年是羌族每年农历十月初一庆祝的传统节日。当日，羌族人民身着盛装，举行祭山仪式，杀羊祭神。随后，人们在释比（神父）带领下，跳皮鼓舞和萨朗舞。活动期间，释比吟唱羌族的传统史诗，村民们唱歌、喝酒，尽情欢乐。羌年之夜，家家举行祭拜仪式，献祭品和供品，表达对生灵、对祖先的尊重与崇拜。通过庆祝羌年弘扬羌族传统文化。

黎族传统纺染织绣技艺是我国海南省黎族妇女创造的一种纺织技艺，它集纺、染、织、绣于一体，用棉线、麻线等纤维材料，按传统样式设计图案，采扎染经纱布、双面绣、单面提花织等技艺，制作衣服和日常用品，这些制品的图案记录着黎族历史、文化传奇、宗教仪式、禁忌、信仰和民俗。

中国木拱桥传统营造技艺。我国南方还存有珍贵的木拱桥，如照片所示江西婺源宋代的彩虹桥。中国木拱桥传统营造技艺是我国人民创造的木拱桥搭建技法。按此术造桥，采用原木材料，使用锯创斧等木工器具，运用编梁等技术，以榫卯连接构筑成稳

固的拱架桥梁，建成优美的木拱桥。（图版58）

2010年11月15日联合国教科文组织保护非物质文化遗产政府间委员会在内罗毕举行第五次会议，将我国的活字印刷术、水密隔舱福船制造技艺、麦西热甫列入联合国教科文组织的"急需保护的非物质文化遗产名录"。

中国活字印刷术。活字印刷术与造纸、指南针、火药并称为中国古代四大发明。宋人毕昇在1041~1048年间发明了胶泥活字印刷术，1298年王祯创制了木活字。活字印刷术是在小胶泥、小木块上刻出凸起的单字，然后按照付印的稿件，拣出所需要的单字，组合排成一个版面而施行印刷的方法。采用活字印刷，一书印完之后，印版拆散，单字仍可用来排其他的书版。沈括的《梦溪笔谈》记载了毕昇这一创举。前些年，宁夏银川古塔被盗贼爆毁，显露的西夏经书有倒字等，这证实活字印刷术的存在。四大黄教寺院的甘肃拉卜楞寺也存有活字印刷的经书。中国活字印刷术的发明对推动世界文明进程产生巨大影响，几百年后德国人古登堡又用铅活字推动印刷技术的发展。我国这种古老的活字印刷术至今仍在浙江省瑞安市使用传承。（图版59）

中国水密隔舱福船制造技艺是福建沿海木船制造的一项重要的传统手工技艺，它以樟木、松木、杉木为主要材料，采用榫接、舱缝等核心技艺，使船体结构牢固，舱与舱之间互相独立，形成密封不透水的结构形式。我国古代木船制造技艺高超，由此技艺制造的明宝船载郑和七下西洋（图版60），创世界航海壮举。中国水密隔舱福船制造技艺是人类造船史上的一项伟大发明，对提高航海安全性起到了革命性作用。

麦西热甫广泛流传于我国新疆各维吾尔地区，由于地域或功能的不同，其表现形态丰富多样，是实践维吾尔人传统习俗和展示维吾尔木卡姆、民歌、舞蹈、曲艺、戏剧、杂技、游戏、口头文学等的主要文化空间；是民众传承和弘扬伦理道德、民俗礼仪、文化艺术等的主要场合；是维吾尔传统节庆、民俗活动的重要部分。

2011，赫哲族伊玛堪说唱入选。

上述这些项目均面临濒危，亟待抢救。

二、国家级非物质文化遗产名录

2006年6月，国务院批准文化部确定的第一批国家级非物质文化遗产名录，共计518项，并予以公布。2008年6月14日公布第二批国家级非物质文化遗产名录，510项，及第一批国家级非物质文化遗产扩展项目名录，147项。2011年5月23日又出台第三批国家级非物质文化遗产名录，191项，及第三批国家级非物质文化遗产扩展项目名录，164项。各省区也都建立了自己的非物质文化遗产保护名录，并逐步向市、县扩展。

（一）第一批国家级非物质文化遗产名录

民间文学，31项：苗族古歌、布洛陀、遮帕麻和遮咪麻、牡帕密帕、刻道、白蛇传传说（图版61）、梁祝传说（图版62）、孟姜女传说、董永传说、西施传说、济公传说（图版63）、满族说部、河西宝卷、耿村民间故事、伍家沟民间故事、下堡坪民间故事、走马镇民间故事、古渔雁民间故事、喀左东蒙民间故事、谭振山民间故事、河间歌诗、吴歌、刘三姐歌谣、四季生产调、玛纳斯、江格尔、格萨（斯）尔、阿诗玛、拉仁布与吉门索、畲族小说歌、青林寺谜语。

民间音乐，72项：左权开花调、河曲民歌、蒙古族长调民歌、蒙古族呼麦、当涂民歌、巢湖民歌、畲族民歌、兴国山歌、兴山民歌、桑植民歌、梅州客家山歌、中山咸水歌、崖州民歌、儋州调声、石柱土家啰儿调、巴山背二歌、傈僳族民歌、紫阳民歌、裕固族民歌、花儿〔莲花山花儿会、松鸣岩花儿会、二郎山花儿会、老爷山花儿会、丹麻土族花儿会、七里寺花儿会、瞿昙寺花儿会（图版64）、宁夏回族山花儿〕、藏族拉伊、聊斋俚曲（图版65）、靖州苗族歌鼟、川江号子、南溪号子、木洞山歌、川北薅草锣鼓、侗族大歌、侗族琵琶歌、哈尼族多声部民歌、彝族海菜腔、那坡壮族民歌、澧水船工号子、古琴艺术、蒙古族马头琴音乐、蒙古族四胡音乐、唢呐艺术、羌笛演奏及制作技艺、辽宁鼓乐、江南丝竹、海州五大宫调、嵊州吹打、舟山锣鼓、十番音乐（闽西客家十番音乐、茶亭十番音乐）、鲁西南鼓吹乐、板头曲、宜昌丝竹、枝江民间吹打乐、广东音乐、潮州音乐（图版66）、广东汉乐、吹打（接龙吹打、金桥吹打）、梁平癞子锣鼓、土家族打溜子、河北鼓吹乐、晋南威风锣鼓、绛州鼓乐、上党八音会、冀中笙管乐（屈家营音乐会、高洛音乐会、高桥音乐会、胜芳音乐会）、铜鼓十二调、西安鼓乐、蓝田普化水会音乐、回族民间器乐、文水鈲子、智化寺京音乐、五台山佛乐（图版67）、千山寺庙音乐、苏州玄妙观道教音乐（图版68）、武当山宫观道乐（图版69）、新疆维吾尔木卡姆艺术（十二木卡姆、吐鲁番木卡姆、哈密木卡姆、刀郎木卡姆）、南音、泉州北管。

民间舞蹈，41项：京西太平鼓、秧歌（昌黎地秧歌、鼓子秧歌、胶州秧歌、海阳大秧歌、陕北秧歌、抚顺地秧歌）、井陉拉花、龙舞（铜梁龙舞、湛江人龙舞、汕尾滚地金龙、浦江板凳龙、长兴百叶龙、奉化布龙、泸州雨坛彩龙）、狮舞（徐水舞狮、天塔狮舞、黄沙狮子、广东醒狮）（图版70）、花鼓灯（蚌埠花鼓灯、凤台花鼓灯、颍上花鼓灯）、傩舞（南丰跳傩、婺源傩舞、乐安傩舞）、英歌（普宁英歌、潮阳英歌）、高跷（高跷走兽、海城高跷、辽西高跷、苦水高高跷）（图版71）、永新盾牌舞、翼城花鼓、泉州拍胸舞、安塞腰鼓、洛川蹩鼓、兰州太平鼓、余杭滚灯、土家族摆手舞、土家族撒叶儿嗬、弦子舞（芒康弦子舞、巴塘弦子舞）、锅庄舞（迪庆锅庄舞、昌都锅庄舞、玉树卓舞）、热巴舞（丁青热巴、那曲比如丁嘎热巴）、日喀则扎什伦布寺羌姆、苗族芦笙舞（锦鸡舞、鼓龙鼓虎—长衫龙、滚山珠）、朝鲜族农乐舞（象帽舞、乞粒舞）、木鼓舞（反排苗族木鼓舞、沧源佤族木鼓舞）、铜鼓舞（反排苗族木鼓舞、沧源佤族木鼓舞）、傣族孔雀舞、达斡尔族鲁日格勒舞、蒙古族安代舞、湘西苗族鼓舞、湘西土家族毛古斯舞、黎族打柴舞、卡斯达温舞、伿舞、傈僳族阿尺木刮、彝族葫芦笙舞、彝族烟盒舞、基诺大鼓舞、山南昌果卓舞、土族於菟、塔吉克族鹰舞。

传统戏剧，92项：昆曲、梨园戏、莆仙戏、潮剧、弋阳腔、青阳腔、高腔（西安高腔、松阳高腔、岳西高腔、辰河高腔、常德高腔）、新昌调腔、宁海平调、永安大腔戏、四平戏、川剧（图版72）、湘剧、广昌孟戏、正字戏、秦腔、汉调桄桄、晋剧、蒲州梆子、北路梆子、上党梆子、河北梆子、豫剧、宛梆、怀梆、大平调、越调、京剧、徽剧、汉剧、汉调二簧、泰宁梅林戏、闽西汉剧、巴陵戏、荆河戏、粤剧、桂剧、宜黄戏、乱弹、石家庄丝弦、雁北耍孩儿、灵丘罗罗腔、柳子戏、大弦戏、闽剧、寿宁北路戏、西秦戏、高甲戏、碗碗腔（孝义碗碗腔）、四平调、评剧、武安平调落子、越剧、沪剧、苏剧、扬剧、庐剧、楚剧、荆州花鼓戏、黄梅戏、商洛花鼓、泗州戏、柳琴戏、歌仔戏、采茶戏（赣南采茶戏、桂南采茶戏）、五音戏、茂腔、曲剧、曲子戏（敦煌曲子戏、华亭曲子戏）、秧歌戏（隆尧秧歌戏、定州秧歌戏、朔州秧歌戏、繁峙秧歌戏）、道情戏（晋北道情戏、临县道情戏、太康道情戏、蓝关戏、陇剧）、哈哈腔、二人台、白字戏、花朝戏、彩调、灯戏（梁山灯戏、川北灯戏）（图版73）、花灯戏（思南花灯戏、玉溪花灯戏）、一勾勾、藏戏（拉萨觉木隆、日喀则迥巴、日喀则南木林湘巴、日喀则仁布江嘎尔、山南雅隆扎西雪巴、山南琼结卡卓扎西宾顿、黄南藏戏）、山南门巴戏、壮剧、侗戏、布依戏、彝族撮泰吉、傣剧、目连戏（徽州目连戏、辰河目连戏、南乐目连戏）、锣鼓杂戏、傩戏（武安傩戏、池州傩戏、侗族傩戏、沅陵辰州傩戏、德江傩堂戏）（图版74）、安顺地戏、皮影戏（唐山皮影戏、冀南皮影戏、孝义皮影戏、复州皮影戏、海宁皮影戏、江汉平原皮影戏、陆丰皮影戏、华县皮影戏、华阴老腔、阿宫腔、弦板腔、环县道情皮影戏、凌源皮影戏）（图版75）、木偶戏（泉州提线木偶戏、晋江布袋木偶戏、 漳州布袋木偶戏、辽西木偶戏、邵阳布袋戏、高州木偶戏、潮州铁枝木偶戏、临高人偶戏、川北大木偶戏、石阡木偶戏、邰阳提线木偶戏、泰顺药发木偶戏）（图版76）。

曲艺，46项：苏州评弹（苏州评话、苏州弹词）（图版77）、扬州评话、福州评话、山东大鼓、西河大鼓、东北大鼓、木板大鼓、乐亭大鼓、潞安大鼓、京东大鼓、胶东大鼓、河洛大鼓、温州鼓词、陕北说书、福州伬艺、南平南词、绍兴平湖调、兰溪摊簧、贤孝（凉州贤孝、河州贤孝）、河南坠子、山东琴书、锣鼓书、绍兴莲花落、兰州鼓子、扬州清曲、锦歌、常德丝弦、榆林小曲、天津时调、新疆曲子、龙舟说唱、鼓盆歌、汉川善书、歌册（东山歌册）、东北二人转、凤阳花鼓、答嘴鼓、小热昏、山东快书、乌力格尔、达斡尔族乌钦、赫哲族伊玛堪、鄂伦春族摩苏昆、傣族章哈、哈萨克族阿依特斯、布依族八音坐唱。

杂技与竞技，17项：吴桥杂技、聊城杂技、天桥中幡、抖空竹（图版78）、维吾尔族达瓦孜、宁德霍童线狮、少林功夫（图版79）、武当武术、回族重刀武术、沧州武术、太极拳（杨氏太极拳、陈氏太极拳）（图版80）、邢台梅花拳、沙河藤牌阵、朝鲜族跳板、秋千、达斡尔族传统曲棍球竞技 、蒙古族搏克、蹴鞠（图版81）。

民间美术，51项：杨柳青木版年画、武强木版年画、桃花坞木版年画、漳州木版年画、杨家埠木版年画、高密扑灰年画、朱仙镇木版年画（图版82）、滩头木版年画、佛山木版年画、梁平木版年画、绵竹木版年画、凤翔木版年画、纳西族东巴画（图版83）、藏族唐卡（图版84）、衡水内画、剪纸（蔚县剪纸、丰宁满族剪纸、中阳剪纸、医巫闾山满族剪纸、扬州剪纸、乐清细纹刻纸、广东剪纸、傣族剪纸、安塞剪纸）、顾绣、苏绣、湘绣、粤绣［广绣（图版85）、潮绣］、蜀绣、苗绣（雷山苗绣、花溪苗绣、剑河苗绣）、水族马尾绣、土族盘绣、挑花（黄梅挑花、

花瑶挑花）、庆阳香包绣制、象牙雕刻（图版86）、扬州玉雕、
岫岩玉雕、阜新玛瑙雕、夜光杯雕、金石篆刻（西泠印社）、青
田石雕、曲阳石雕（图版87）、寿山石雕（图版88）、惠安石雕
（图版89）、徽州三雕（婺源三雕）（图版90）、临夏砖雕、藏
族格萨尔彩绘石刻、潮州木雕（图版91）、宁波朱金漆木雕、乐
清黄杨木雕、东阳木雕、漳州木偶头雕刻、萍乡湘东傩面具、竹
刻（嘉定竹刻、宝庆竹刻）（图版92）、泥塑［天津泥人张（图
版93）、惠山泥人（图版94）、凤翔泥塑、浚县泥咕咕］、塔尔
寺酥油花、热贡艺术、灯彩（仙居花灯、硖石灯彩、泉州花灯、
东莞千角灯、湟源排灯）、嵊州竹编。

传统手工技艺，89项：宜兴紫砂陶制作技艺（图版95）、
界首彩陶烧制技艺、石湾陶塑技艺（图版96）、黎族原始制陶
技艺、傣族慢轮制陶技艺、维吾尔族模制法土陶烧制技艺、景德
镇手工制瓷技艺、耀州窑陶瓷烧制技艺（图版97）、龙泉青瓷
烧制技艺、磁州窑烧制技艺（图版98）、德化瓷烧制技艺（图
版99）、澄城尧头陶瓷烧制技艺、南京云锦木机妆花手工织造
技艺、宋锦织造技艺、苏州缂丝织造技艺、蜀锦织造技艺、乌泥
泾手工棉纺织技艺、土家族织锦技艺（图版100）、黎族传统纺
染织绣技艺、壮族织锦技艺、藏族邦典、卡垫织造技艺、加牙
藏族织毯技艺、维吾尔族花毡、印花布织染技艺、南通蓝印花布
印染技艺、苗族蜡染技艺、白族扎染技艺、香山帮传统建筑营
造技艺、客家土楼营造技艺（图版101）、景德镇传统瓷窑作坊
营造技艺（图版102）、侗族木构建筑营造技艺（图版103）、
苗寨吊脚楼营造技艺（图版104）、苏州御窑金砖制作技艺（图
版105）、苗族芦笙制作技艺、玉屏箫笛制作技艺、阳城生铁冶
铸技艺、南京金箔锻制技艺、龙泉宝剑锻制技艺（图版106）、
张小泉剪刀锻制技艺、芜湖铁画锻制技艺（图版107）、苗族银
饰锻制技艺、阿昌族户撒刀锻制技艺、保安族腰刀锻制技艺、
景泰蓝制作技艺（图版108）、聚元号弓箭制作技艺、明式家具

制作技艺（图版109）、蒙古族勒勒车制作技艺、拉萨甲米水磨坊制作技艺、兰州黄河大水车制作技艺、万安罗盘制作技艺（图版110）、雕漆技艺、平遥推光漆器髹饰技艺、扬州漆器髹饰技艺、天台山干漆夹苎技艺、福州脱胎漆器髹饰技艺、厦门漆线雕技艺、成都漆艺、茅台酒酿制技艺（图版111）、老窖酒酿制技艺（图版112）、杏花村汾酒酿制技艺（图版113）、绍兴黄酒酿制技艺、清徐老陈醋酿制技艺、镇江恒顺香醋酿制技艺（图版114）、武夷岩茶（大红袍）制作技艺、自贡井盐深钻汲制技艺、宣纸制作技艺、铅山连四纸制作技艺、皮纸制作技艺、傣族、纳西族手工造纸技艺（图版115）、藏族造纸技艺、维吾尔族桑皮纸制作技艺、竹纸制作技艺、湖笔制作技艺（图版116）、徽墨制作技艺、歙砚制作技艺、端砚制作技艺（图版117）、金星砚制作技艺、木版水印技艺（图版118）、雕版印刷技艺、金陵刻经印刷技艺、德格印经院藏族雕版印刷技艺、制扇技艺（图版119）、剧装戏具制作技艺（图版120）、桦树皮制作技艺、黎族树皮布制作技艺、赫哲族鱼皮制作技艺、浏阳花炮制作技艺（图版121）、黎族钻木取火技艺、风筝制作技艺（图版122）、凉茶。

传统医药，9项：中医生命与疾病认知方法、中医诊法、中药炮制技术（图版123）、中医传统制剂方法、针灸、中医正骨疗法、同仁堂中医药文化（图版124）、胡庆余堂中药文化（图版125）、藏医药（拉萨北派藏医水银洗炼法和藏药仁青常觉配伍技艺、甘孜州南派藏医药）。

民俗，70项：春节、清明节（图版126）、端午节（屈原故里端午习俗、西塞神舟会、汨罗江畔端午习俗、苏州端午习俗）、七夕节、中秋节（图版127）、重阳节（图版128）、京族哈节、傣族泼水节、锡伯族西迁节、火把节（彝族火把节）、景颇族目瑙纵歌、黎族三月三节、鄂伦春族古伦木沓节、瑶族盘王节、壮族蚂拐节、仫佬族依饭节、毛南族肥套、羌族瓦尔俄足节、苗族鼓藏节、水族端节、布依族查白歌节、苗族姊妹节、独龙族卡雀哇节、怒族仙女节、侗族萨玛节、仡佬毛龙节、傈僳族刀杆节、塔吉克族引水节和播种节、土族纳顿节、都江堰放水节（图版129）、雪顿节、黄帝陵祭典、炎帝陵祭典、成吉思汗祭典、祭孔大典（图版130）、妈祖祭典、太昊伏羲祭典（图版131）、女娲祭典、大禹祭典、祭敖包（图版132）、白族绕三灵、厂甸庙会（图版133）、热贡六月会、小榄菊花会（图版134）、瑶族耍歌堂、壮族歌圩、苗族系列坡会群、那达慕、维吾尔刀郎麦西热甫、秦淮灯会、秀山花灯、全丰花灯、泰山石敢当习俗（图版135）、民间社火、鄂尔多斯婚礼、土族婚礼、撒拉族婚礼、马街书会、胡集书会、安国药市、壮族铜鼓习俗、楹联习俗（图版136）、苏州角直水乡妇女服饰（图版137）、惠安女服饰（图版138）、苗族服饰（昌宁苗族服饰）、回族服饰（图版139）、瑶族服饰、农历二十四节气、女书习俗、水书习俗。

（二）第二批国家级非物质文化遗产名录

民间文学，53项：八达岭长城传说（图版140）、永定河传说、杨家将传说〔穆桂英传说（图版141）、杨家将说唱〕、尧的传说、牛郎织女传说、西湖传说（图版142）、刘伯温传说、黄初平（黄大仙）传说、观音传说（图版143）、徐福东渡传说（图版144）、陶朱公传说、麒麟传说（图版145）、鲁班传说（图版146）、八仙传说（图版147）、秃尾巴老李的传说、屈原传说（图版148）、王昭君传说（图版149）、炎帝神农传说（图版150）、木兰传说（图版151）、巴拉根仓的故事、北票民间故事、满族民间故事、徐文长故事、崂山民间故事（图版152）、都镇湾故事、盘古神话（图版153）、邵原神话群、嘎达梅林、科尔沁潮尔史诗、仰阿莎、布依族盘歌、梅葛、查姆、达古达楞格莱标、哈尼哈吧、召树屯与喃木诺娜、米拉尕黑、康巴拉伊、汗青格勒、维吾尔族达斯坦、哈萨克族达斯坦、珠郎娘美、司岗里、彝族克智、苗族贾理、藏族婚宴十八说、童谣（北京童谣、闽南童谣）、桐城歌、土家族梯玛歌、雷州歌、壮族嘹歌、柯尔克孜约隆、笑话（万荣笑话）。

民间音乐，67项：陕北民歌、昌黎民歌、高邮民歌、五河民歌、大别山民歌、徽州民歌、信阳民歌、西坪民歌、马山民歌、潜江民歌、吕家河民歌、秀山民歌、酉阳民歌、镇巴民歌、嘉善田歌、南坪曲子、茶山号子、啰啰咚、爬山调、渔歌漫瀚调、惠东渔歌、海门山歌、新化山歌、姚安坝子腔、海洋号子（舟山渔民号子、长岛渔号）、江河号子［黄河号子（图版154）、长江峡江号子（图版155）、酉水船工号子］、码头号子（上海港码头号子）、森林号子［长白山森林号子（图版156）、兴安岭森林号子］、搬运号子（梁平抬儿调、龙骨坡抬工号子）、制作号子（竹麻号子）、鲁南五大调、老河口丝弦、蒙古族民歌（科尔沁叙事民歌、鄂尔多斯短调民歌、鄂尔多斯古如歌、阜新东蒙短调民歌、郭尔罗斯蒙古族民歌）、鄂温克族民歌（鄂温克叙事民歌）、鄂伦春族民歌（鄂伦春族赞达仁）、达斡尔族民歌（达斡尔扎恩达勒、罕伯岱达斡尔族民歌）、苗族民歌［湘西苗族民歌（图版157）、苗族飞歌］、瑶族民歌（花瑶呜哇山歌）、黎族民歌（琼中黎族民歌）、布依族民歌（好花红调）、彝族民歌（彝族酒歌）、布朗族民歌（布朗族弹唱）、藏族民歌（川西藏族山歌、玛达咪山歌、华锐藏族民歌、甘南藏族民歌、玉树民歌）、维吾尔族民歌（罗布淖尔维吾尔族民歌）（图版158）、乌孜别克族埃希来、叶来、回族宴席曲、琵琶艺术（瀛洲古调派、浦东派、平湖派）（图版159）、古筝艺术（山东古筝乐）、笙管乐（复州双管乐、建平十王会、超化吹歌）、津门法鼓（挂甲寺庆音法鼓、杨家庄永音法鼓、刘园祥音法鼓）、锣鼓艺术（汉沽飞镲、常山战鼓、太原锣鼓、泗泾十锦细锣鼓、大铜器、开封盘鼓、宜昌堂调、韩城行鼓）、朝鲜族洞箫音乐、土家族咚咚喹、哈萨克六十二阔恩尔、维吾尔族鼓吹乐、洞经音乐（文昌洞经古乐、妙善学女子洞经音乐）、芦笙音乐（侗族芦笙、苗族芒筒芦笙）、布依族勒尤、藏族扎木聂弹唱、哈萨克族冬布拉艺术、柯尔克孜族库姆孜艺术、蒙古族绰尔、黎族竹木器乐、口弦音乐、吟诵调（常州吟诵）、佛教音乐（天宁寺梵呗唱诵、鱼山梵呗、大相国寺梵乐（图版160）、直孔噶举派音乐、拉卜楞寺佛殿音乐道得尔（图版161）、青海藏族唱经调、北武当庙寺庙音乐（图版162）、道教音乐（广宗太平道乐、恒山道乐、上海道教音乐、无锡道教音乐、齐云山道场音乐、崂山道教音乐、泰山道教音乐、胶东全真道教音乐、腊山道教音乐、海南斋醮科仪音乐、成都道教音乐、白云山道教音乐、清水道教音乐）。

民间舞蹈，55项：鼓舞（花钹大鼓、隆尧招子鼓、平定武迓鼓、大奏鼓、陈官短穗花鼓、柳林花鼓、花鞭鼓舞、八卦鼓舞、横山老腰鼓、宜川胸鼓、凉州攻鼓子、武山旋鼓舞）（图版163）、麒麟舞、竹马（东坝大马灯、邳州跑竹马）、灯舞（青田鱼灯舞、莆田九鲤灯舞、鲤鱼灯舞、沙头角鱼灯舞、东至花灯舞、苏家作龙凤灯舞）、沧州落子、十八蝴蝶、火老虎、商羊舞、跑帷子、官会响锣、肉连响、禾楼舞、蜈蚣舞、翻山铰子、靖边跑驴、查玛内、朝鲜族鹤舞、朝鲜族长鼓舞、瑶族长鼓舞、傣族象脚鼓舞、羌族羊皮鼓舞、毛南族打猴鼓舞、瑶族猴鼓舞、高山族拉手舞、得荣学羌、甲搓、博巴森根、彝族铃铛舞、彝族打歌、彝族跳菜、彝族老虎笙、彝族左脚舞、乐作舞、彝族三弦舞（阿细跳月、撒尼大三弦）、纳西族热美蹉、布朗族蜂桶鼓舞、普米族搓蹉、拉祜族芦笙舞、宣舞（古格宣舞、普堆巴宣舞）、拉萨囊玛、堆谐（拉孜堆谐）、谐钦（拉萨纳如谐钦、南木林土布加谐钦）、阿谐（达布阿谐）、嘎尔、芒康三弦舞、定日洛谐、旦嘎甲谐、廓孜、多地舞、巴郎鼓舞、藏族螭鼓舞、则柔（尚尤则柔）、蒙古族萨吾尔登、锡伯族贝伦舞、维吾尔族赛乃姆。

传统戏剧，46项：老调（保定老调）、四股弦（冀南四股弦）、赛戏、永年西调、坠子戏、上党落子、眉户（运城眉户、华阴迷胡、迷糊戏）、海城喇叭戏、黄龙戏、淮剧、锡剧、淮海戏、童子戏、瓯剧、甬剧、姚剧、绍剧、婺剧、文南词、花鼓戏、二夹弦、打城戏、屏南平讲戏、吕剧、柳腔、山东梆子、莱芜梆子、枣梆、徐州梆子、同州梆子、 罗卷戏、二股弦、南剧、提琴戏、湘剧、祁剧、广东汉剧、琼剧、黔剧、滇剧、合阳跳戏、武都高山戏、佤族清戏、彝剧、白剧、邕剧。

曲艺，50项：相声（图版164）、京韵大鼓、单弦牌子曲（含岔曲）、扬州弹词、长沙弹词、杭州评词、杭州评话、绍兴词调、临海词调、四明南词、北京评书、湖北评书、浦东说书、讲古、湖北大鼓、襄垣鼓书、萍乡春锣、三弦书（沁州三弦书、南阳三弦书）、莺歌柳书、平湖钹子书、宁波走书、独脚戏、大调曲子、湖北小曲、南曲、秦安小曲、徐州琴书、恩施扬琴、四川扬琴、四川竹琴、四川清音、金华道情、陕北道情、朝鲜族三老人、南京白局、武林调、绍兴宣卷、温州莲花 、山东落子、说鼓子、广西文场、车灯、眉户曲子、韩城秧歌、金钱板、青海平弦、青海越弦、青海下弦、好来宝、哈萨克族铁尔麦。

传统体育、游艺与杂技，38项：围棋（图版165）、象棋（图版166）、蒙古族象棋、天桥摔跤、沙力搏尔式摔跤、峨眉武术、红拳、八卦掌、形意拳、鹰爪翻子拳、八极拳（月山八极拳）、心意拳、心意六合拳、五祖拳、查拳 、螳螂拳、苌家拳、岳家拳、蔡李佛拳、马球（塔吉克族马球）、满族珍珠球、满族二贵摔跤、鄂温克抢枢、挠羊赛、传统箭术（南山射箭）（图版168）、赛马会（当吉仁赛马会、玉树赛马会）（图版169）、叼羊（维吾尔族叼羊）、土族轮子秋、左各庄杆会、戏法（赵世魁戏法）（图版170）、建湖杂技、东北庄杂技、宁津杂技、马戏（埇桥马戏）、风火流星、翻九楼、调吊、苏桥飞叉会。

民间美术，45项：面人（北京面人郎、上海面人赵、曹州面人、曹县江米人）、面花（阳城焙面面塑、闻喜花馍、定襄面塑、新绛面塑、郎庄面塑、黄陵面花）、草编（大名草编、徐行草编、莱州草辫、沐川草龙、湖口草龙）、柳编（广宗柳编、维吾尔族枝条编织）、石雕（煤精雕刻、鸡血石雕、嘉祥石雕、掖县滑石雕刻、方城石猴、大冶石雕、菊花石雕、雷州石狗、白花石刻、安岳石刻、泽库和日寺石刻）（图版171）、玉雕（北京玉雕、苏州玉雕、镇平玉雕、广州玉雕、阳美翡翠玉雕）（图版172）、木雕（曲阜楷木雕刻、澳门神像雕刻、武汉木雕船模）（图版173）、核雕（光福核雕、潍坊核雕、广州榄雕）、椰雕（海南椰雕）、葫芦雕刻（东昌葫芦雕刻）（图版174）、锡雕、汉字书法、藏文书法（德格藏文书法、果洛德昂洒智）、木版年画（平阳木版年画、东昌府木版年画、张秋木版年画、夹江年画、滑县木版年画）、彩扎（凤凰纸扎、秸秆扎刻、彩布拧台、邳州纸塑狮子头、佛山狮头）、龙档（乐清龙档）、常州梳篦、麦秆剪贴、北京绢花、堆锦（上党堆锦）、湟中堆绣、瓯绣、汴绣、汉绣、羌族刺绣、民间绣活（高平绣活、麻柳刺绣、西秦刺绣、澄城刺绣、红安绣活、阳新布贴）、彝族（撒尼）刺绣、维吾尔族刺绣、满族刺绣（岫岩满族民间刺绣、锦州满族民间刺绣、长白山满族枕头顶刺绣）、蒙古族刺绣、柯尔克孜族刺绣、哈萨克毡绣和布绣、料器（北京料器）（图版175）、瓯塑（图版176）、砖塑（鄄城砖塑）、灰塑（图版177）、糖塑（丰县糖人贡、天门糖塑、成都糖画）、瓷板画（图版178、图版179）、软木画、镶嵌（彩石镶嵌、骨木镶嵌、嵌瓷）（图版180）、新会葵艺、传统插花、盆景技艺（扬派盆景技艺徽派盆景技艺、英石假山盆景技艺）（图版181）、布老虎（黎侯虎）、建筑彩绘（白族民居彩绘、陕北匠艺丹青、炕围画）。

传统手工技艺，97项：琉璃烧制技艺（图版182）、临清贡砖烧制技艺（图版183）、钧瓷烧制技艺（图版184）、唐三彩烧制技艺（图版185）、醴陵釉下五彩瓷烧制技艺（图版186）、枫溪瓷烧制技艺（图版187）、广彩瓷烧制技艺、陶器烧制技艺（钦州坭兴陶烧制技艺、藏族黑陶烧制技艺、牙舟陶器烧制技艺、建水紫陶烧制技艺、荥经砂器烧制技艺）（图版188）、蚕丝织造技艺（余杭清水丝绵制作技艺、杭罗织造技艺、双林绫绢织造技艺）、传统棉纺织技艺（图版189）、毛纺织及擀制技艺（彝族毛纺织及擀制技艺、藏族牛羊毛编织技艺、东乡族擀毡技艺）、夏布织造技艺、鲁锦织造技艺、侗锦织造技艺、苗族织锦技艺、傣族织锦技艺、香云纱染整技艺、枫香印染技艺、新疆维吾尔族艾德莱斯绸织染技艺、地毯织造技艺（北京宫毯织造技艺、阿拉善地毯织造技艺、维吾尔族地毯织造技艺）、滩羊皮鞣制工艺、鄂伦春族狍皮制作技艺、盛锡福皮帽制作技艺（图版190）、维吾尔族卡拉库尔胎、内联升千层底布鞋制作技艺（图版191）、黄金溜槽堆石砌灶冶炼技艺、金银细工制作技艺（图版192）、斑铜制作技艺、铜雕技艺（图版193）、藏族金属锻造技艺（藏族锻铜技艺、藏刀锻制技艺）、成都银花丝制作技艺、维吾尔族传统小刀制作技艺、蒙古族马具制作技艺、民族乐器制作技艺（长子响铜乐器制作技艺、朝鲜族民族乐器制作技艺、苏州民族乐器制作技艺、漳州蔡福美传统制鼓技艺、维吾尔族乐器制作技艺）、花丝镶嵌制作技艺、金漆镶嵌髹饰技艺、漆器髹饰技艺（徽州漆器髹饰技艺、重庆漆器髹饰技艺）、彝族漆器髹饰技艺（图版194）、纸笺加工技艺、宣笔制作技艺、楮皮纸制作技艺、白沙茅龙笔制作技艺、砚台制作技艺［易水砚制作技艺（图版195）、澄泥砚制作技艺、洮砚制作技艺］、印泥制作技艺（上海鲁庵印泥、漳州八宝印泥）（图版196）、木活字印刷技术、装裱修复技艺（古字画装裱修复技艺、古籍修复技艺）（图版197）、传统木船制造技艺（图版198）、水密隔舱福船制造技艺、龙舟制作技艺、伞制作技艺（油纸伞制作技艺、西湖绸伞）、藏香制作技艺（图版199）、贝叶经制作技艺、土碱烧制技艺、蒸馏酒传统酿造技艺（北京二锅头酒传统酿造技艺、衡水老白干传统酿造技艺、山庄老酒传统酿造技艺、板城烧锅酒传统五甑酿造技艺、梨花春白酒传统酿造技艺、老龙口白酒传统酿造技艺、大泉源酒传统酿造技艺、宝丰酒传统酿造技艺、五粮液酒传统酿造技艺、水井坊酒传统酿造技艺、剑南春酒传统酿造技艺、古蔺郎酒传统酿造技艺、沱牌曲酒传统酿造技艺）

（图版200）、酿造酒传统酿造技艺（封缸酒传统酿造技艺、金华酒传统酿造技艺）、配制酒传统酿造技艺（菊花白酒传统酿造技艺）、花茶制作技艺（张一元茉莉花茶制作技艺）（图版201）、绿茶制作技艺（西湖龙井、婺州举岩、黄山毛峰、太平猴魁、六安瓜片）（图版202）、红茶制作技艺（祁门红茶制作技艺）、乌龙茶制作技艺（铁观音制作技艺）（图版203）、普洱茶制作技艺（贡茶制作技艺、大益茶制作技艺）、黑茶制作技艺（千两茶制作技艺、茯砖茶制作技艺、南路边茶制作技艺）、晒盐技艺（海盐晒制技艺、井盐晒制技艺）（图版204）、酱油酿造技艺（钱万隆酱油酿造技艺）（图版205）、豆瓣传统制作技艺（郫县豆瓣传统制作技艺）、豆豉酿制技艺（永川豆豉酿制技艺、潼川豆豉酿制技艺）、腐乳酿造技艺（王致和腐乳酿造技艺）（图版206）、酱菜制作技艺（六必居酱菜制作技艺）（图版207）、榨菜传统制作技艺（涪陵榨菜传统制作技艺）（图版208）、传统面食制作技艺〔龙须拉面（图版209）和刀削面制作技艺、抿尖面和猫耳朵制作技艺〕、茶点制作技艺（富春茶点制作技艺）、周村烧饼制作技艺、月饼传统制作技艺（郭杜林晋式月饼制作技艺、安琪广式月饼制作技艺）、素食制作技艺（功德林素食制作技艺）、同盛祥牛羊肉泡馍制作技艺、火腿制作技艺（金华火腿腌制技艺）（图版210）、烤鸭技艺〔全聚德挂炉烤鸭技艺（图版211）、便宜坊焖炉烤鸭技艺（图版212）〕、牛羊肉烹制技艺〔东来顺涮羊肉制作技艺、鸿宾楼全羊席制作技艺、月盛斋酱烧牛羊肉制作技艺（图版213）、北京烤肉制作技艺（图版214）、冠云平遥牛肉传统加工技艺、烤全羊技艺〕、天福号酱肘子制作技艺（图版215）、六味斋酱肉传统制作技艺、都一处烧麦制作技艺（图版216）、聚春园佛跳墙制作技艺、真不同洛阳水席制作技艺、官式古建筑营造技艺（北京故宫）（图版217）、木拱桥传统营造技艺、石桥营造技艺（图版218）、婺州传统民居营造技艺〔诸葛村古村落营造技艺（图版219）、俞源村古建筑群营造技艺、东阳卢宅营造技艺、浦江郑义门营造技艺］、徽派传统民居营造技艺（图版220）、闽南传统民居营造技艺（图版221、 图版222）、窑洞营造技艺、蒙古包营造技艺（图版223）、黎族船型屋营造技艺、哈萨克族毡房营造技艺（图版224）、俄罗斯族民居营造技艺、撒拉族篱笆楼营造技艺、藏族碉楼营造技艺（图版225）。

传统医药，8项：中医养生（药膳八珍汤、灵源万应茶、永定万应茶）、传统中医药文化（鹤年堂中医药养生文化、九芝堂传统中药文化、潘高寿传统中药文化、陈李济传统中药文化、同济堂传统中药文化）、蒙医药（赞巴拉道尔吉温针、火针疗法）、畲族医药（痧症疗法、六神经络骨通药制作工艺）、瑶族医药（药浴疗法）、苗医药（骨伤蛇伤疗法、九节茶药制作工艺）、侗医药（过路黄药制作工艺）、回族医药（张氏回医正骨疗法、回族汤瓶八诊疗法）。

民俗，51项：元宵节［敛巧饭习俗、九曲黄河阵灯俗、柳林盘子会、蔚县拜灯山习俗、马尾—马祖元宵节俗、泉州闹元宵习俗、闽台东石灯俗、枫亭元宵游灯习俗、闽西客家元宵节庆、永昌县卍字灯俗（图版226）、九曲黄河灯俗］、渔民开洋、谢洋节、畲族三月三、宾阳炮龙节、苗族独木龙舟节、苗族跳花节、苗族四月八姑娘节、德昂族浇花节、江孜达玛节、塔塔尔族撒班节、灯会（苇子灯阵、胜芳灯会、河曲河灯会、肥东洋蛇灯、南安英都拔拔灯、石城灯会、渔灯节、泮村灯会、自贡灯会）、羌年、苗年、庙会（妙峰山庙会、东岳庙庙会、晋祠庙会、上海龙华庙会、赶茶场、泰山东岳庙会（图版227）、武当山庙会、火宫殿庙会（图版228）、佛山祖庙庙会（图版229）、药王山庙会（图版230）、民间信俗［千童信子节、关公信俗（图版231、 图版232）、石浦—富岗如意信俗、汤和信俗、保生大帝信俗、陈靖姑信俗、西王母信俗）、青海湖祭海、抬阁（芯子、铁枝、飘色、葛渔城重阁会、宽城背杆、隆尧县泽畔抬阁、清徐徐沟背铁棍、万荣抬阁、峨口挠阁、脑阁、金坛抬阁、浦江迎会、肘阁抬阁、大坝高装、青林口高抬戏、庄浪县高抬、湟中县千户营高台、隆德县高台、阁子里芯子、周村芯子、章丘芯子、霍童铁枝、福鼎沙埕铁枝、屏南双溪铁枝、南朗崖口飘色、台山浮石飘色、吴川飘色、河田高景）、打铁花、朝鲜族花甲礼、祭祖习俗（大槐树祭祖习俗）（图版233）、鄂温克驯鹿习俗、蒙古族养驼习俗（图版234）、长白山采参习俗（图版235）、查干淖尔冬捕习俗、蚕桑习俗（含山轧蚕花、扫蚕花地）、洪洞走亲习俗、蟳埔女习俗、汉族传统婚俗（孝义贾家庄婚俗、宁海十里红妆婚俗、斗门水上婚嫁习俗）、朝鲜族传统婚礼、塔吉克族婚俗、水乡社戏、界首书会、洛阳牡丹花会（图版236）、三汇彩亭会、石宝山歌会、大理三月街、茶艺（潮州工夫茶艺）（图版237）、蒙古族服饰、朝鲜族服饰、畲族服饰、黎族服饰、珞巴族服饰、藏族服饰（图版238）、裕固族服饰、土族服饰、撒拉族服饰、维吾尔族服饰（图版239）、哈萨克族服饰、珠算（程大位珠算法、珠算文化）（图版240）、南海航道更路经、藏族天文历算。

（三）第一批国家级非物质文化遗产扩展项目名录

民间文学，5项：孟姜女传说、宝卷（靖江宝卷、河西宝卷）、吴歌、谜语（澄海灯谜）。

民间音乐，17项：蒙古族长调民歌、蒙古族呼麦、畲族民歌、崖州民歌、花儿（新疆花儿）、薅草锣鼓（武宁打鼓歌、宜昌薅草锣鼓、五峰土家族薅草锣鼓、兴山薅草锣鼓、宣恩薅草锣鼓、长阳山歌、川东土家族薅草锣鼓）、侗族大歌、多声部民歌（潮尔道—蒙古族合声演唱、瑶族蝴蝶歌、壮族三声部民歌、羌族多声部民歌、硗碛多声部民歌、苗族多声部民歌）、古琴艺术（虞山琴派、广陵琴派、金陵琴派、梅庵琴派、浙派、诸城派、岭南派）、蒙古族马头琴音乐、蒙古族四胡音乐、唢呐艺术（唐山花吹、丰宁满族吵子会、晋北鼓吹、上党八音会、上党乐户班社、丹东鼓乐、杨小班鼓吹乐棚、于都唢呐公婆吹、万载得胜鼓、邹城平派鼓吹乐、泗水鸣音、鸣音喇叭、远安鸣音、青山唢呐、永城吹打、绥米唢呐）、江南丝竹、十番音乐（楚州十番锣鼓、邵伯锣鼓小牌子、楼塔细十番、遂昌昆曲十番、黄石惠洋十音、佛山十番、海南八音器乐）、鲁西南鼓吹乐、土家族打溜子、冀中笙管乐（白庙村音乐会、雄县古乐、小冯村音乐会、张庄音乐会、军卢村音乐会、东张务音乐会、南响口梵呗音乐会、里东庄音乐老会、辛安庄民间音乐会、安新县圈头村音乐会、东韩村拾幡古乐、子位吹歌）。

民间舞蹈，13项：京西太平鼓（石景山太平鼓、怪村太平鼓）、秧歌（济阳鼓子秧歌、临县伞头秧歌、原平凤秧歌、汾阳地秧歌）、龙舞（易县摆字龙灯、曲周龙灯、金州龙舞、舞草龙、骆山大龙、兰溪断头龙、大田板灯龙、高龙、汝城香火龙、九龙舞、埔寨火龙、人龙舞、荷塘纱龙、乔林烟花火龙、醉龙、黄龙溪火龙灯舞）、狮舞（白纸坊太狮、沧县狮舞、小相狮舞、槐店文狮子、席狮舞、丰城岳家狮、布依族高台狮灯舞）、傩舞（寿阳爱社、祁门傩舞、邵武傩舞、湛江傩舞、文县池哥昼、永靖七月跳会）、高跷（盖州高跷、上口子高跷、独杆跷、高抬火轿）、滚灯（奉贤滚灯、海盐滚灯）、土家族摆手舞（恩施摆手舞、酉阳摆手舞）、弦子舞（玉树依舞）、锅庄舞（甘孜锅庄、马奈锅庄、称多白龙卓舞、囊谦卓干玛）、苗族芦笙舞、朝鲜族农乐舞、铜鼓舞（田林瑶族铜鼓舞、雷山苗族铜鼓舞）。

传统戏剧，33项：潮剧、秦腔、晋剧、上党梆子、河北梆子、豫剧（桑派）、大平调、越调、京剧、汉调二簧、荆河戏、乱弹（威县乱弹）、柳子戏、大弦戏、高甲戏（柯派）、四平调、评剧、越剧（尹派）、扬剧、柳琴戏、采茶戏、曲子戏、秧歌戏（蔚县秧歌、祁太秧歌、襄武秧歌、壶关秧歌）、道情戏（洪洞道情、沾化渔鼓戏）、二人台、灯戏、花灯戏、藏戏（德格格萨尔藏戏、巴塘藏戏、色达藏戏、青海马背藏戏）、壮剧、侗戏、傩戏（万载开口傩、仡佬族傩戏、鹤峰傩戏、恩施傩戏）、皮影戏（北京皮影戏、河间皮影戏、岫岩皮影戏、盖州皮影戏、望奎县皮影戏、泰山皮影戏、济南皮影戏、定陶皮影、罗山皮影戏、湖南皮影戏、四川皮影戏、河湟皮影戏）、木偶戏（孝义木偶戏、杖头木偶戏、平阳木偶戏、单档布袋戏、湖南杖头木偶戏、五华提线木偶、文昌公仔戏、三江公仔戏）。

曲艺，15项：苏州评弹（苏州评话、苏州弹词）、山东大鼓（梨花大鼓）、西河大鼓、东北大鼓、京东大鼓、胶东大鼓、摊簧（杭州摊簧、绍兴摊簧）、贤孝（西宁贤孝）、山东琴书、新疆曲子、歌册（潮州歌册）、东北二人转、乌力格尔、达斡尔族乌钦、哈萨克族阿依特斯。

传统体育、游艺与杂技，4项：中幡（安头屯中幡、正定高照、建瓯挑幡）、线狮（九狮图）、沧州武术（劈挂拳、燕青拳、孟村八极拳）、太极拳（武氏太极拳）。

民间美术，16项：藏族唐卡（昌都嘎玛嘎赤画派、墨竹工卡直孔刺绣唐卡、甘南藏族唐卡）、内画（北京内画鼻烟壶、广东内画）、剪纸〔广灵染色剪纸、和林格尔剪纸、庄河剪纸、岫岩满族剪纸、建平剪纸、新宾满族剪纸、长白山满族剪纸、方正剪纸、上海剪纸、南京剪纸、徐州剪纸、金坛刻纸、浦江剪纸、阜阳剪纸、漳浦剪纸、泉州（李尧宝）刻纸、柘荣剪纸、瑞昌剪纸、莒县过门笺、滨州民间剪纸、高密剪纸、烟台剪纸、灵宝剪纸、卢氏剪纸、辉县剪纸、孝感雕花剪纸、鄂州雕花剪纸、仙桃雕花剪纸、踏虎凿花苗族剪纸、庆阳剪纸〕、苏绣（无锡精微绣、南通仿真绣）、蜀绣、苗绣、挑花（望江挑花、花瑶挑花）、香包（徐州香包）、砖雕（山西民居砖雕）（图版241）、潮州木雕、黄杨木雕、木偶头雕刻（江加走木偶头雕刻）、竹刻（无锡留青竹刻、常州留青竹刻、黄岩翻簧竹雕、江安竹簧）、泥塑（玉田泥塑、苏州泥塑、聂家庄泥塑、大吴泥塑、徐氏泥彩塑、苗族泥哨、杨氏家庭泥塑）（图版242）、灯彩（北京灯彩（图版243）、上海灯彩、秦淮灯彩、苏州灯彩、佛山彩灯、潮州花灯、洛阳宫灯、汴京灯笼张）、竹编（东阳竹编、舒席、瑞昌竹编、梁平竹帘、渠县刘氏竹编、青神竹编、瓷胎竹编）（图版244）。

传统手工技艺，24项：维吾尔族模制法土陶烧制、花毡、印花布织染技艺、蓝印花布印染技艺、蜡染技艺（图版245）、扎染技艺（自贡扎染技艺）、侗族木构建筑营造技艺、生铁冶铸技艺（干模铸造技艺）（图版246）、剪刀锻制技艺（王麻子剪刀锻制技艺）（图版247）、银饰制作技艺（苗族银饰制作技艺、彝族银饰制作技艺）、弓箭制作技艺（锡伯族弓箭制作技艺）、家具制作技艺（京作硬木家具制作技艺、广式硬木家具制作技艺）（图版248）、蒙古族勒勒车制作技艺、雕漆技艺、老陈醋酿制技艺（美和居老陈醋酿制技艺）、桑皮纸制作技艺、竹纸制作技艺、雕版印刷技艺、藏族雕版印刷技艺（波罗古泽刻版制作技艺）、制扇技艺（王星记扇、荣昌折扇、龚扇）、剧装戏具制作技艺、桦树皮制作技艺（鄂温克族桦树皮制作技艺、鄂伦春族桦树皮船制作技艺）、烟火爆竹制作技艺（南张井老虎火、万载花炮制作技艺、萍乡烟花制作技艺、蒲城杆火技艺、架花烟火爆竹制作技艺）、风筝制作技艺（北京风筝哈制作技艺、天津风筝魏制作技艺）。

传统医药，5项：中药炮制技术（四大怀药种植与炮制、中药炮制技艺）、中医传统制剂方法（龟龄集传统制作技艺、雷允上六神丸制作技艺、东阿阿胶制作技艺、廖氏化风丹制作技艺）、针灸（刘氏刺熨疗法）、中医正骨疗法（宫廷正骨、罗氏正骨法、石氏伤科疗法、平乐郭氏正骨法）、藏医药（藏医外治法、藏医尿诊法、藏医药浴疗法、甘南藏医药、藏药炮制技艺、藏药七十味珍珠丸配伍技艺、藏药珊瑚七十味丸配伍技艺、藏药阿如拉炮制技艺、七十味珍珠丸赛太炮制技艺）。

民俗，15项：清明节（溱潼会船）、端午节（罗店划龙船习俗、五常龙舟胜会、安海嗦啰嗹习俗）、七夕节（乞巧节）、中秋节（中秋博饼、佛山秋色）、傣族泼水节、侗族萨玛节、黄帝祭典（新郑黄帝拜祖祭典）（图版249）、炎帝祭典、妈祖祭典（天津皇会）、那达慕、新疆维吾尔族麦西热甫（新疆维吾尔刀郎麦西热甫、维吾尔族却日库木麦西热甫、维吾尔族塔合麦西热甫、维吾尔族阔克麦西热甫）、民间社火（桃林坪花脸社火、永年抬花桌、本溪社火、义县社火、朝阳社火、浚县民间社火、洋县悬台社火）、蒙古族婚礼（阿日奔苏木婚礼、乌珠穆沁婚礼、蒙古族婚俗）、药市习俗（樟树药俗、百泉药会、禹州药会）、苗族服饰。

（四）第三批国家级非物质文化遗产名录：

民间文学，41项：天坛传说（图版250）、曹雪芹传说、契丹始祖传说、赵氏孤儿传说、白马脱缰传说、舜的传说（图版251）、禹的传说（图版252）、防风传说、盘瓠传说、老子传说（图版253）、庄子传说、禅宗祖师传说（图版254）、布袋和尚传说（图版255）、钱王传说、苏东坡传说（图版256）、王羲之传说（图版257）、李时珍传说、蔡伦造纸传说、牡丹传说（图版258）、泰山传说（图版259）、黄鹤楼传说（图版260）、烂柯山的传说、珞巴族始祖传说、阿尼玛卿雪山传说、锡伯族民间故事、嘉黎民间故事、海洋动物故事、土家族哭嫁歌、坡芽情歌、祝赞词、黑暗传、陶克陶胡、密洛陀、亚鲁王、目瑙斋瓦、洛奇洛耶与扎斯扎依、阿细先基、羌戈大战、恰克恰克、酉阳古歌、谚语（沪谚）。

民间音乐，16项：凤阳民歌、九江山歌（图版261）、利川灯歌、天门民歌、临高渔歌、弥渡民歌、汉族民间小调、哈萨克族民歌、塔吉克族民歌、茅山号子、弦索乐（菏泽弦索乐）、纳西族白沙细乐、伽倻琴艺术、京族独弦琴艺术、哈萨克族库布孜、承德清音会（图版262）。

民间舞蹈，15项：跳马伕、仗鼓舞（桑植仗鼓舞）、跳花棚、鹤舞（三灶鹤舞）、老古舞、跳曹盖、棕扇舞、鄂温克萨满舞、协荣仲孜、普兰果尔孜、陈塘夏尔巴歌舞、巴当舞、安昭、萨玛舞、哈萨克族卡拉角勒哈。

传统戏剧，20项：上党二簧、醒感戏、湖剧、淳安三角戏、嗨子戏、赣剧、西河戏、鹧鸪戏、淮调、落腔、武当神戏、雷剧、关索戏、通渭小曲戏、西路梆子、淮北梆子戏、滑稽戏、满族新城戏、张家界阳戏、海南斋戏。

曲艺，19项：莲花落、长子鼓书、翼城琴书、曲沃琴书、泽州四弦书、盘索里、永康鼓词、唱新闻、渔鼓道情、三棒鼓、祁阳小调、粤曲、木鱼歌、四川评书、洛南静板书、南音说唱、河州平弦、端鼓腔。

传统体育、游艺与杂技，15项：拦手门、通背缠拳、地术拳、佛汉拳、孙膑拳、肘捶、十八般武艺（图版263）、华佗五禽戏、撂石锁、赛龙舟、迎罗汉、掼牛、高杆船技（图版264）、花键（图版265）、口技。

民间美术，13项：棕编（新繁棕编）、苗画、嘉兴灶头画、永春纸织画、平遥纱阁戏人、清徐彩门楼、上海绒绣、宁波金银彩绣、瑶族刺绣、藏族编织、挑花刺绣工艺、侗族刺绣、锡伯族刺绣、宁波泥金彩漆。

传统技艺，26项：越窑青瓷烧制技艺（图版266）、建窑建盏烧制技艺、汝瓷烧制技艺（图版267）、淄博陶瓷烧制技艺、长沙窑铜官陶瓷烧制技艺、蓝夹缬技艺、中式服装制作技艺（龙凤旗袍手工制作技艺、亨生奉帮裁缝技艺、培罗蒙奉帮裁缝技艺、振兴祥中式服装制作技艺）、铅锡刻镂技艺、斑锡制作技艺、银铜器制作及鎏金技艺（图版268）、青铜器修复及复制技艺（图版269）、国画颜料制作技艺（姜思序堂国画颜料制作技艺）、藏族矿植物颜料制作技艺、毛笔制作技艺（周虎臣毛笔制作技艺、扬州毛笔制作技艺）、衡水法帖雕板拓印技艺、古书画临摹复制技艺（图版270）、白茶制作技艺（安吉白茶制作技艺、福鼎白茶制作技艺）、仿膳（清廷御膳）制作技艺、直隶官府菜烹饪技艺（图版271）、孔府菜烹饪技艺、五芳斋粽子制作技艺、北京四合院传统营造技艺（图版272）、雁门民居营造技艺、石库门里弄建筑营造技艺、土家族吊脚楼营造技艺、维吾尔族民居建筑技艺（阿依旺赛来民居）。

传统医药，4项：壮医药（壮医药线点灸疗法）、彝医药（彝医水膏药疗法）、傣医药（睡药疗法）、维吾尔医药（维药传统炮制技艺、木尼孜其·木斯力汤药制作技艺、食物疗法、库西台疗法）。

民俗，23项：中元节（潮人盂兰胜会）、中和节（永济背冰、云丘山中和节）、俄罗斯族巴斯克节、鄂温克族瑟宾节、诺茹孜节、布依族"三月三"、土家年、彝族年、侗年、藏历年、舜帝祭典、祭寨神林、歌会（瑞云四月八、四十八寨歌节）、尉村跑鼓车、独辕四景车赛会、网船会、月也、婚俗（朝鲜族回婚礼、达斡尔族传统婚俗、彝族传统婚俗、裕固族传统婚俗、回族传统婚俗、哈萨克族传统婚俗、锡伯族传统婚俗）、径山茶宴、装泥鱼习俗、苗族栽岩习俗、柯尔克孜族驯鹰习俗、塔吉克族服饰。

（五）第三批国家级非物质文化遗产扩展项目名录

民间文学，8项：苗族古歌、孟姜女传说、董永传说、尧的传说、牛郎织女传说、徐福东渡传说、木兰传说、司岗里。

民间音乐，16项：畲族民歌、侗族琵琶歌、多声部民歌（潮尔道－阿巴嘎潮尔）、唢呐艺术（徐州鼓吹乐、砀山唢呐、长汀公嫲吹）、鲁西南鼓吹乐、吹打（广西八音）、海洋号子（长海号子、象山渔民号子）、蒙古族民歌（乌拉特民歌）、苗族民歌（苗族飞歌）、彝族民歌（彝族山歌）、藏族民歌（藏族赶马调、班戈昌鲁）、锣鼓艺术（云胜锣鼓、鄂州牌子锣、小河锣鼓）、洞箫音乐（高陵洞箫）、口弦音乐、佛教音乐（楞严寺寺庙音乐、觉囊梵音、洋县佛教音乐、塔尔寺花架音乐）、道教音乐（东岳观道教音乐、澳门道教科仪音乐）。

民间舞蹈，16项：秧歌（小红门地秧歌、乐亭地秧歌、阳信鼓子秧歌）、龙舞（浦东绕龙灯、直溪巨龙、碇步龙、开化香火草龙、坎门花龙、龙灯扛阁、火龙舞、三节龙、地龙灯、芷江孽龙、城步吊龙、香火龙、六坊云龙舞）、狮舞（马桥手狮舞，古陂蓆狮、犁狮，青狮，藤县狮舞，田阳壮族狮舞，高台狮舞）、傩舞（浦南古傩）、英歌（甲子英歌）、盾牌舞（藤牌舞）、羌姆（拉康加羌姆、直孔嘎尔羌姆、曲德寺阿羌姆）、鼓舞（万荣花鼓、土沃老花鼓、稷山高台花鼓、乌拉陈汉军旗单鼓舞）、麒麟舞（麒麟采八宝、睢县麒麟舞、坂田永胜堂舞麒麟、大船坑舞麒麟、樟木头舞麒麟）、竹马（蒋塘马灯舞）、灯舞（无为鱼灯）、鹤舞、瑶族长鼓舞（小长鼓舞、黄泥鼓舞）、谐钦（尼玛乡谐钦）、萨吾尔登、维吾尔族赛乃姆（若羌赛乃姆、且末赛乃姆、库尔勒赛乃姆、伊犁赛乃姆、库车赛乃姆）。

传统戏剧，28项：潮剧、晋剧、北路梆子、大平调、越调、京剧、乱弹（诸暨西路乱弹）、碗碗腔（曲沃碗碗腔）、评剧、庐剧（东路庐剧）、黄梅戏、泗州戏、采茶戏（高安采茶戏、抚州采茶戏、粤北采茶戏）、曲子戏、秧歌戏（泽州秧歌）、道情戏（神池道情戏、商洛道情戏）、二人台（东路二人台）、花灯戏、藏戏（尼木塔荣藏戏、南木特藏戏）、侗戏、傩戏（任庄扇鼓傩戏、梅山傩戏、荔波布依族傩戏）、皮影戏（昌黎皮影戏、巴林左旗皮影戏、龙江皮影戏、桐柏皮影戏、云梦皮影戏、腾冲皮影戏）、木偶戏（海派木偶戏、杖头木偶戏、泰顺提线木偶戏、廿八都木偶戏、广东木偶戏、揭阳铁枝木偶戏）、老调（安国老调）、眉户（晋南眉户）、淮剧、花鼓戏（襄阳花鼓戏、衡州花鼓戏、临湘花鼓戏、长沙花鼓戏）、吕剧。

曲艺，10项：苏州评弹（苏州评话、苏州弹词）、扬州评话、温州鼓词、河南坠子、山东琴书、丝弦、小热昏、四川扬琴、四川清音、金钱板。

传统体育、游艺与杂技，8项：沧州武术（六合拳）、太极拳（孙式太极拳）、梅花拳、摔跤（朝鲜族摔跤、阿细摔跤）、八卦掌、形意拳、心意拳、戏法。

民间美术，19项：藏族唐卡（勉萨画派）、剪纸（包头剪纸、新干剪纸、延川剪纸、旬邑彩贴剪纸、会宁剪纸）、苗绣、挑花（苗族挑花）、泥塑（惠民泥塑）、酥油花制作技艺（昌都强巴林寺酥油花制作技艺）、灯彩（忠信花灯）、竹编（益阳小郁竹艺、毛南族花竹帽编织技艺）、面人（面人汤面塑）、草编（哈萨克族芨芨草编织技艺）、柳编（固安柳编、黄岗柳编、霍邱柳编、博兴柳编、曹县柳编）、石雕（菊花石雕）、玉雕（海派玉雕）、木雕（紫檀雕刻、莆田木雕、花瑰艺术）、木版年画（老河口木版年画）、料器（葡萄常料器）、镶嵌（潮州嵌瓷）、盆景技艺（苏派盆景技艺、川派盆景技艺）、建筑彩绘（传统地仗彩画技艺）（图版274）。

传统技艺，28项：南京云锦木机妆花手工织造技艺、蜡染技艺（苗族蜡染技艺、黄平蜡染技艺）、客家土楼营造技艺、银饰锻制技艺（苗族银饰锻制技艺、畲族银器制作技艺）、弓箭制作技艺（蒙古族牛角弓制作技艺）、家具制作技艺（晋作家具制作技艺、精细木作技艺）、皮纸制作技艺（龙游皮纸制作技艺）、徽墨制作技艺（曹素功墨锭制作技艺）、雕版印刷技艺（杭州雕版印刷技艺、同仁刻版印刷技艺）、风筝制作技艺（北京风筝制作技艺）、陶器烧制技艺（黎族泥片制陶技艺、荣昌陶器制作技艺）（图版275）、蚕丝织造技艺（杭州织锦技艺、辑里湖丝手工制作技艺）、传统棉纺织技艺（南通色织土布技艺、余姚土布制作技艺、维吾尔族帕拉孜纺织技艺）（图版276）、毛纺织及擀制技艺（维吾尔族花毡制作技艺）、苗族织锦技艺、手工制鞋技艺（老美华手工制鞋技艺）、藏族金属锻制技艺（扎西吉彩金银锻铜技艺）、民族乐器制作技艺（宏音斋笙管制作技艺、蒙古族拉弦乐器制作技艺、马头琴制作技艺、上海民族乐器制作技艺、苗族芦笙制作技艺、傣族象脚鼓制作技艺）、漆器髹饰技艺（绛州剔犀技艺、鄱阳脱胎漆器髹饰技艺、楚式漆器髹饰技艺（图版277）、潍坊嵌银髹漆技艺、阳江漆器髹饰技艺）、砚台制作技艺（贺兰砚制作技艺）、装裱修复技艺（苏州书画装裱修复技艺）、花茶制作技艺（吴裕泰茉莉花茶制作技艺）（图版278）、绿茶制作技艺（碧螺春制作技艺、紫笋茶制作技艺、安吉白茶制作技艺）、黑茶制作技艺（下关沱茶制作技艺）、传统面食制作技艺（天津"狗不理"包子制作技艺、稷山传统面点制作技艺）、火腿制作技艺（宣威火腿制作技艺）、窑洞营造技艺（地坑院营造技艺、陕北窑洞营造技艺）、碉楼营造技艺（班玛藏族碉楼营造技艺、羌族碉楼营造技艺）。

传统医药，7项：中医诊法（葛氏捏筋拍打疗法、王氏脊椎疗法、道虎壁王氏中医妇科、朱氏推拿疗法、张一贴内科疗法）、中医传统制剂方法（达仁堂清宫寿桃丸传统制作技艺、定坤丹制作技艺、六神丸制作技艺、致和堂膏滋药制作技艺、季德胜蛇药制作技艺、朱养心传统膏药制作技艺、漳州片仔癀制作技艺、夏氏丹药制作技艺、马应龙眼药制作技艺、罗浮山百草油制作技艺、保滋堂保婴丹制作技艺、桐君阁传统丸剂制作技艺）、针灸（陆氏针灸疗法）、中医正骨疗法（武氏正骨疗法、蒙医正骨疗法、张氏骨伤疗法、章氏骨伤疗法、林氏骨伤疗法）、藏医药（藏医骨伤疗法）、蒙医药（蒙医传统正骨术、蒙医正骨疗法、血衰症疗法）、苗医药（癫痫症疗法、钻节风疗法）。

民俗，24项：春节（怀仁旺火习俗、查干萨日）、清明节（介休寒食清明习俗）、端午节[五大连池药泉会（图版279）、嘉兴端午习俗、石狮端午闽台对渡习俗、大澳龙舟游涌]、七夕节（石塘七夕习俗、天河乞巧习俗）、中秋节（泽州中秋习俗、秋夕、大坑舞火龙）、重阳节（皇城村重阳习俗、上蔡重阳习俗）、火把节（彝族火把节）、黄帝祭典（缙云轩辕祭典）、炎帝祭典（随州神农祭典）、祭孔大典（南孔祭典）（图版280）、妈祖祭典（洞头妈祖祭典）、太昊伏羲祭典（新乐伏羲祭典）、女娲祭典（秦安女娲祭典）、祭敖包（达斡尔族沃其贝）、农历二十四节气（九华立春祭、班春劝农、石阡说春）、元宵节（豫园灯会、上坂关公灯）、苗族四月八、塔塔尔族撒班节、庙会（北山庙会、张山寨七七会、方岩庙会、九华山庙会、西山万寿宫庙会、汉阳归元庙会、当阳关陵庙会）、民间信俗〔梅日更召信俗、锡伯族喜利妈妈信俗、闽台送王船、清水祖师信俗、波罗诞（图版281）、悦城龙母诞、长洲太平清醮、鱼行醉龙节〕、抬阁（海沧蜈蚣阁、宜章夜故事、抬阁故事会、通海高台）、朝鲜族花甲礼、祭祖习俗（沁水柳氏清明祭祖、太公祭、石壁客家祭祖习俗、灯杆彩凤习俗、下沙祭祖）、南海航道更路经。

图版6.僰人悬棺

图6-1

图6-2

图6-3

图版7."三寸金莲"

图7-1

图版8. 语言

图8-1 龚祥瑞老师的讲课艺术：胸有成竹 口若悬河 慷慨激昂 循循善诱

图8-2 讲演

图8-3 话语

图8-4 牛听牧人语

图8-5 交流

图版9.文字

图9-1 古陶罐上的陶文

图9-2 巴渝古刻划

图9-3 冀州古陶文

图9-4 殷墟牛肩胛骨甲骨文

图9-5 商甲骨文

图9-6 金文"后母"鼎

图9-7 黄铜器铭文

图9-8 宣圣真笔 "殷比干墓"

图9-12 "单于天降"

图9-9

图9-13 "四夷尽服"

图9-10 "万寿无疆"

图9-14 宋 "寿" 字

图9-11 治家宫当

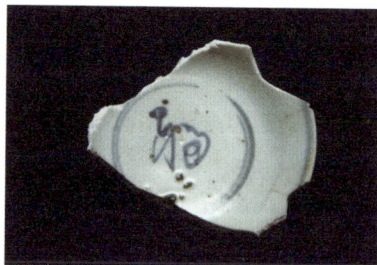

图9-15 草 "福"

图9-16 天下第一龙

图9-17 清"福"

图9-18 "大好河山"

图9-19

图9-20 长沙"水"

图版10. 廌

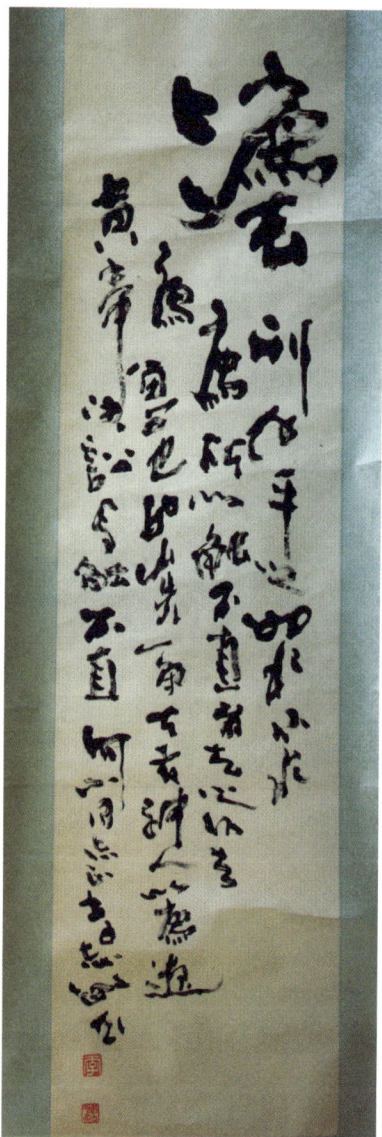

图10-1 李志敏 "法·廌"

图10-2 宋独角铜兽

图10-3 开封明镇河独角兽

图10-4 潍水法兽

图10-5 包头清廌

图10-6 苏州甪直石廌

图版11.二十四孝故事

图11-1 汉文帝亲侍母病

图11-2 朱寿昌弃官寻母

图11-3 王裒闻雷泣墓

图11-4 庾黔娄尝粪祈祷

图11-5 王祥卧冰求鲤

图11-6 文帝亲尝汤药

图11-7 二十四孝故事

图11-8 二十四孝故事

图11-9 二十四孝故事

图11-10 二十四孝故事

图11-11 二十四孝故事

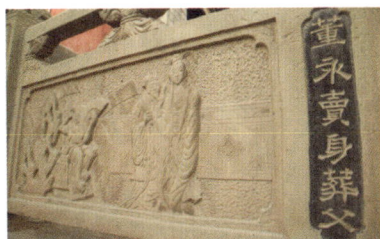

图11-12 二十四孝故事

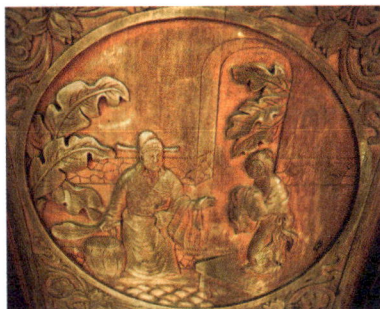

图11-13 二十四孝故事

图11-14 二十四孝故事

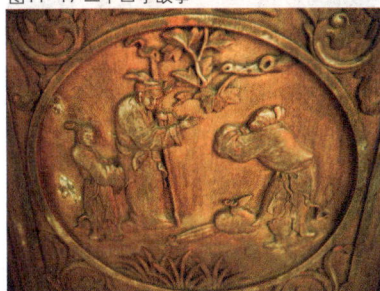

图11-15 二十四孝故事

图11-16 二十四孝故事

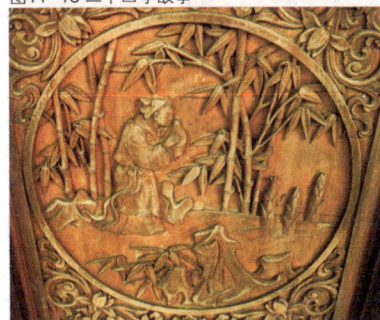

图11-17 二十四孝故事

图11-18 二十四孝故事

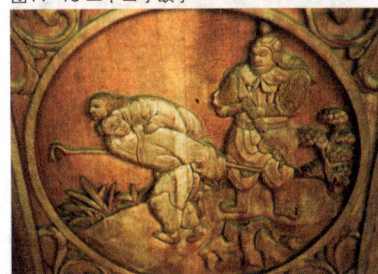

图11-19 二十四孝故事

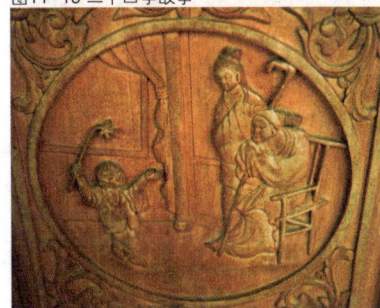

图11-20 二十四孝故事

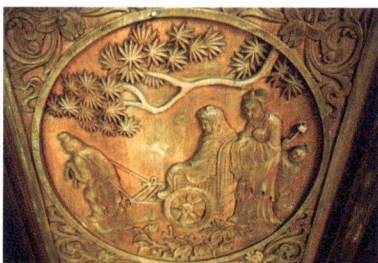
图11-21 二十四孝故事

图11-22 二十四孝故事

图11-23 二十四孝故事

图11-24 二十四孝故事

图11-25 二十四孝故事

图11-26 二十四孝故事

图11-27 二十四孝故事

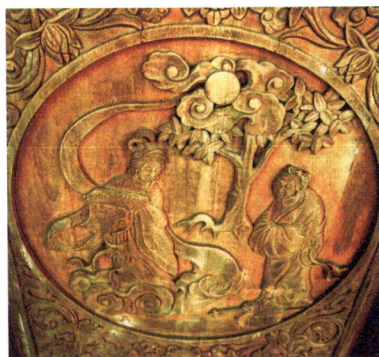

图11-28 二十四孝故事

图11-30 二十四孝故事

图11-29 二十四孝故事

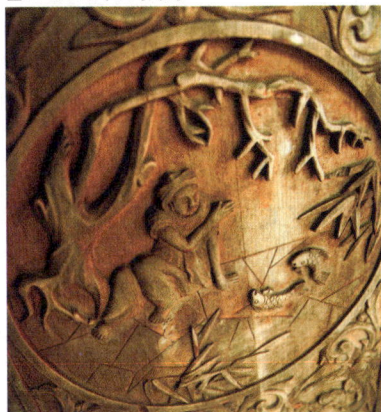

图11-31 二十四孝故事

图版12. 民间故事

图12-1 北武当山武松打虎

图12-2 莫愁女

图版13.中国绘画

图13-1 人民大会堂山西厅"雁门关"

图13-2 砖上侍女

图13-3 "吴道子笔"

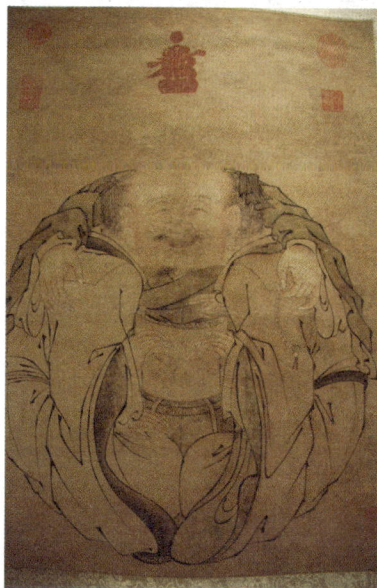

图13-4 清三人合一

图13-5 五牛图

图13-6 王天一"高瞻九天"

图13-7 河姆渡太阳神鸟

图版14. 民间音乐

图14-1 唐永隆莲下乐伎

图14-2 二胡

图14-3 繁塔吹螺乐伎

图14-5 拉二胡

图14-4 繁塔乐伎

图14-6 口鼻三吹

图14-7 葫芦丝

图14-9 西安街头

图14-8 壮族吹歌

图14-10 大家唱

图版15. 民间舞蹈

图15-1 石峡文化陶人舞

图15-2 汉陶俑舞

图15-3 巴渝舞

图15-4 青铜滇人舞

图15-5 古滇人舞

图15-6 胡旋舞

图15-7 康巴舞

图15-8 刘老根高跷舞

图版16. 戏雕

图16-1 南浔戏剧木雕

图16-2 陈氏宗祠戏砖雕

图16-3 乌镇戏剧木透雕

图16-4 瑶里戏剧木雕

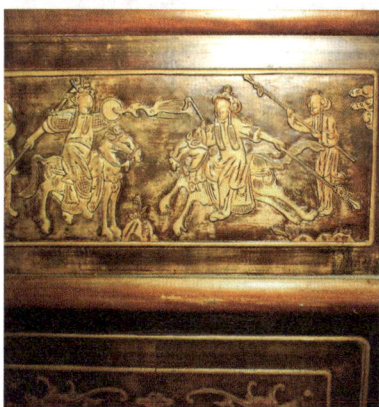

图16-5 可园戏剧木雕

图16-6 戏剧石雕

图版17. 戏台

图17-1 瑶里戏台

图17-3 乌镇戏台

图17-2 平遥戏台

图17-4 三坊七街戏台

图版18. 曲艺

图18-1 快板

图18-2 乐偶

图18-3 赛活驴

图18-4 双簧

图18-5 东汉击鼓说唱俑

图版19. 杂技

图19-1 巴人杂技

图版20. 瓷器

图20-1 宋官窑盂

图20-2 宋哥窑盘

图20-3 明哥窑双耳瓶

图20-4 宋定瓷壶

图20-5 宋定白瓷壶

图20-6 鸡头瓶

图20-7 宋紫釉碗

图20-8 未名湖盘

图版21. 铁器

图21-1 泸定铁索桥

图21-2 江门刀

图版22. 传拓

图22-1 羽人戏鹿

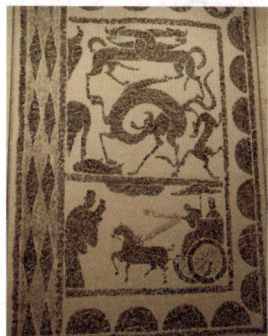

图22-2 汉画像石传拓

图22-3 编绳

图22-4 画像石故事

图22-5 画像石故事

图22-6 画像石故事

图版23. 一得阁墨汁

图23-1 一得阁

图23-2 一得阁墨汁

图版24. 馄饨侯

图24-1 馄饨侯

图版25. 狗不理包子

图25-1 狗不理包子

图版26. 稻香村糕点

图26-1 稻香村

图26-2 稻香村门市

图26-3 稻香村糕点

图版27. 中医药

图27-1 北武当庙有病送药增福延寿石刻

图27-3 中药

图27-2 德寿堂

图27-4 大力丸

图版28. 天文四象

图28-1 汉阳陵青龙

图28-2 汉青龙

图28-3 汉画像石青龙

图28-7 汉画像石朱雀

图28-4 汉阳陵白虎

图28-5 汉白虎

图28-8 朱雀

图28-6 汉朱雀

图28-9 汉玄武

图28-10 国子监日晷

图版29. 民族服饰

图29-1 壮族

图29-3 壮女吹葫芦丝

图29-2 壮族主持人

图29-4 四女

图29-5 白族

图29-6 汉娃虎头鞋

图版30.长发风俗

图30-1 壮族长发女

图版31.十二生肖

图31-1 青羊宫十二生肖图

图31-3 老鼠

图31-2 属相

图31-4 多子

图31-5 宁夏铜牛

图31-6 滇青铜牛

图31-7 牛砚

图31-8 生肖牛

图31-9 渝青铜虎

图31-10 南澳坐堂虎

图31-11 北海龙

图31-12 平遥龙

图31-13 金沙蛇

图31-14 可园蛇

图31-15 青铜马

图31-16 工委马

图31-17 圆明园羊首

图31-18 青羊

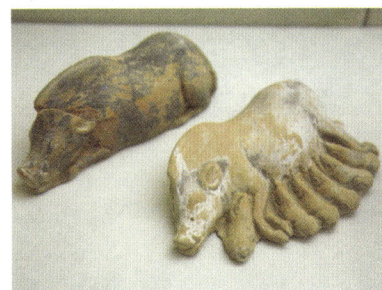

图31-20 财猴

图31-21 汉陶猪

图31-19 三羊开泰

图版32. 魁星信俗

图32-1 魁星点斗（瑶里）

图32-2 独占鳌头（泰山）

图版33. 门神信俗

图33-1 秦琼尉迟恭门神

图33-2 龙湖是荷公祠门神

图版34. 钟馗信俗

图34-1 唐吴道子绘曲阳钟馗

图34-2 石湾钟馗

图34-3 钟馗打鬼

图版35. 阎王信俗

图35-1 丰都鬼城

图35-2 鬼门关

图35-3 望乡台

图35-7 小鬼

图35-4 幽都

图35-8 小鬼

图35-5 天子殿

图35-6 阎王

图35-9 白衣鬼

图35-10 酒鬼

图35-11 食蔓鬼

图版36.地狱信俗

图36-1 大足十八层地狱石刻

图36-3 砍腿

图36-2 大足石刻.地狱

图36-4 地狱

图36-5 二殿三殿

图36-8 大斗小称高杆上挂

图36-6 撒米糟面倒插磨眼

图36-9 瞅公骂婆剜眼割舌

图36-7 五殿六殿

图36-10 瞿坛寺

图版37. 体育

图37-1 风驰电掣

图37-2 袁赛路

图37-3 拔河

图37-6 体操

图37-4 跳高

图37-7 踢腿

图37-5 舞剑

图37-8 砖亚铃

图版38.游艺

图38-1 老道打扑克

图38-2 因地制宜打扑克

图版39.昆曲

图39-1 昆曲博物馆

图39-2 昆曲戏院

图39-3 戏文木雕《寒江关》

图39-4 《牡丹亭》

图39-5 《长生殿》

图版40.古琴

图40-1 晋盲人音乐家师旷抚古琴

图40-5 乌镇古琴弹奏木刻

图40-2 师旷古吹台

图40-6 侍女抬琴

图40-3 巴陶俑奏古琴

图40-4 船上古琴一曲

图40-7 古琴

图版41. 端午节

图41-1 伍子胥

图41-2 粽子

图41-3 苏州胥门

图版42. 中国书法

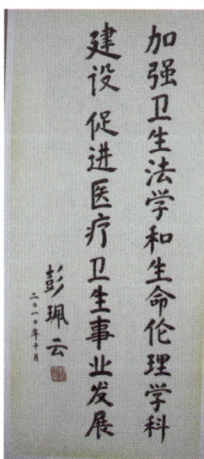

图42-1 彭珮云为中国
卫生法学会·南方医科
大学卫生法学国际研究
院题词

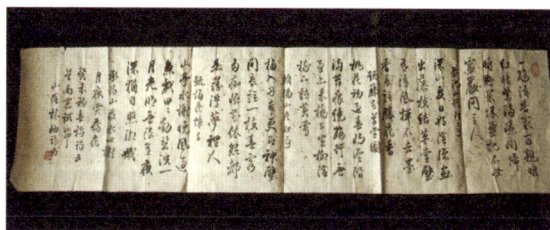

图42-2 林岫

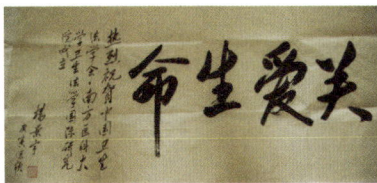

图42-3　"关爱生命"热烈祝贺中国卫生法协会·南方医科大学卫生法学国际研究院成立。杨景宇庚寅深秋

图42-4　李志敏题《中国现代生活法律百科知识》、彭珮云题《婚姻法》

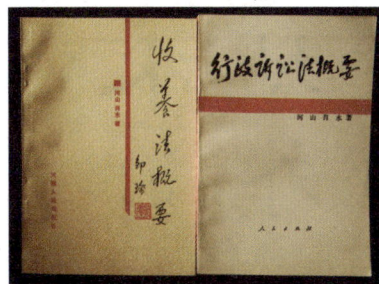

图42-5　顾昂然题《民法通则概要》、《中国亲属法概要》

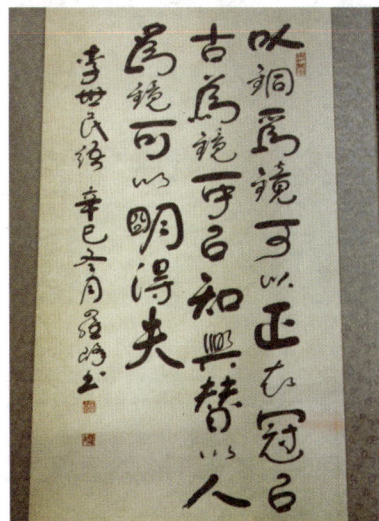

图42-6　杨景宇题《消费者权益保护法概要》、胡康生题《仲裁法概要》

图42-7　邹瑜题《收养法概要》、江平题《行政诉讼法概要》

图42-8　罗峰

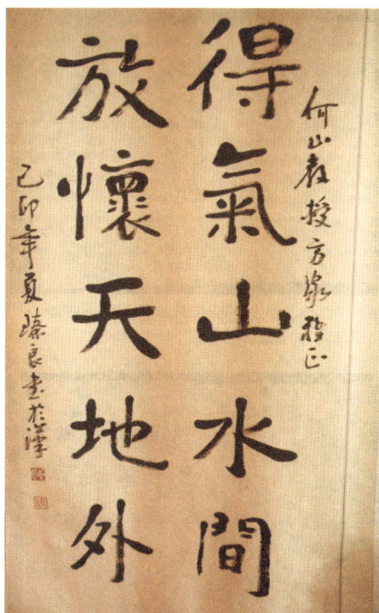

图42-9 夏臻良

图42-11 民国"气壮山河"

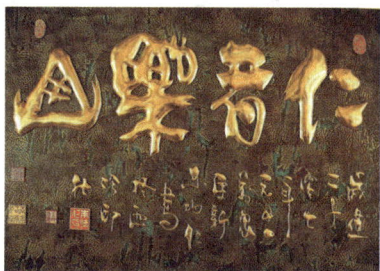

图42-12 "仁者乐山"

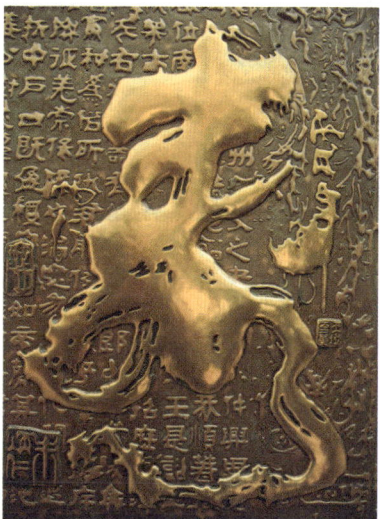

图42-10 启功"谊深学海"

图42-13 "寿"

图版43. 篆刻

图43-1 "何山"

图43-2 "何山之印"

图43-3 "军华藏书"

图43-4 中国印舞动的京字

图版44. 剪纸

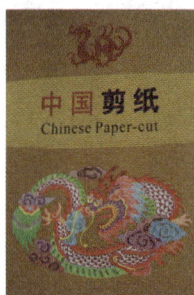
图44-1 中国剪纸

图44-2 鼠

图44-3 牛

图44-4 虎

图44-5 兔

图44-6 龙

图44-7 蛇

图44-8 马

图44-9 羊

图44-10 猴

图44-11 鸡

图44-12 狗

图44-12 猪

图版45. 嘉业雕版印刷术

图45-1 "钦若嘉业"

图45-2 嘉业藏书楼

图45-3 嘉业牌坊

图45-4 嘉业石狮

图45-5 嘉业堂

图45-6 南浔古镇

图版46.庙宇

图46-1 西凉

图46-3 悬空寺

图46-2 崆峒山

图46-4 甘露寺

图46-5 胜境关

图46-6 太华寺

图46-7 大佛寺牌坊

图46-8 辽阳白塔

图46-9 五当召

图46-10 包头召

图46-11 护法殿

图46-12 鸡鸣山驿站

图版47.古民居

图47-1 西塘

图47-2 同里退思园

图47-3 南浔

图47-4 乌镇

图47-5 廊棚长长

图47-6 胡雪岩故居

图47-7 阆中

图47-8 中山古镇

图47-9 董府门楼

图47-12 王家大院

图47-10 董府

图47-13 灵山大芦村

图47-11 大芦民居

图版48.木结构

图48-1 北岳庙德宁殿元斗拱

图48-2 光岳楼宋斗拱

图48-3 聊城"巧夺天工"

图48-4 正定开元寺唐钟楼木结构

图48-5 官渡大雄宝殿

图48-6 潮州民居屋梁

图48-7 龙湖寨明序堂木梁

图48-8 南浔

图48-9 董府钱字花窗

图48-11 花窗

图48-10 寿桃石榴窗

图48-12 西蜀古栈道

图版49.蚕桑丝织

图49-1 耕织图——择蚕

图49-2 耕织图——经

图49-3 苏杭绵缎

图49-4 蚕桑丝织

图49-5 瑞蚨祥绸店

图49-6 老字号"瑞蚨祥"

图版50. 龙泉青瓷

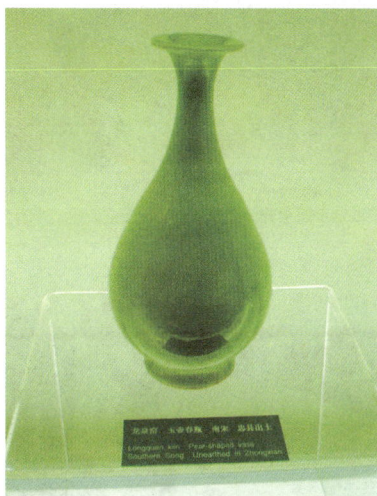

图50-1 渝南宋龙泉细颈大肚玉壶春瓶

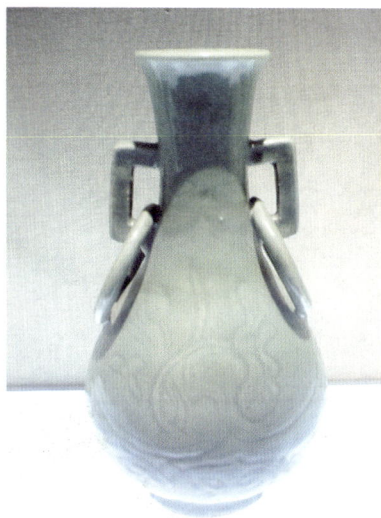

图50-2 明龙泉凤纹碗

图50-3 龙泉深绿边绿瓷盘

图50-4 清龙泉双耳春壶

图50-5 龙泉冰裂纹双耳瓶

图版51. 湄洲妈祖

图51-1 湄洲妈祖

图51-2 湄洲岛妈祖殿1

图51-3 天后宫

图51-4 妈祖升天处

图51-5 泽施四海

图51-6 妈祖庙福禄寿

图版52.妈祖信俗

图52-1 天津"敕建天后宫"

图52-4 香港妈祖庙

图52-2 深圳"天后圣母"

图52-3 "神昭海表"

图52-5 香港"天后宫"

图版53.宣纸

图53-1 特制宣纸

图版54. 热贡艺术

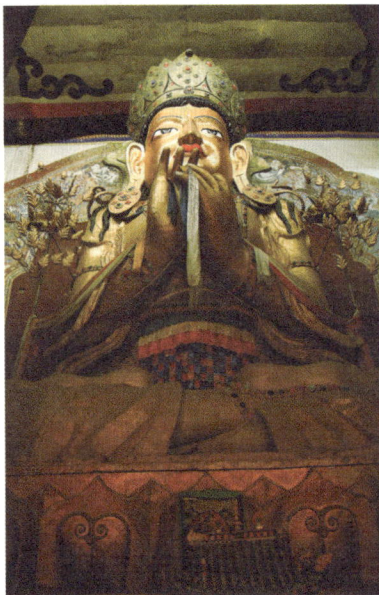

图54-1 清大佛

图54-2 百灵庙

图54-3 席力图壁画

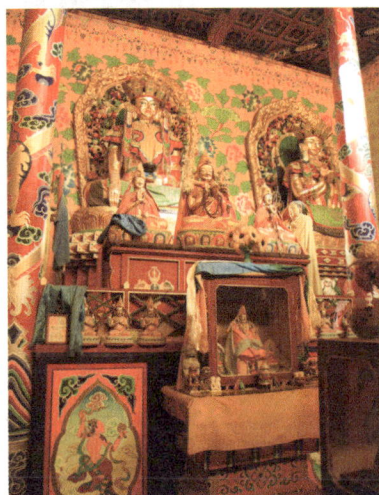

图54-4 壁画

图54-5 沙盘道场

图54-6 席力图

图54-8 护法殿

图54-7 藻井

图版55. 西安鼓乐

图55-1 太宗行乐阵

图55-2 西安鼓乐坐乐

图版56.农乐舞

图56-1 庆丰收

图版57. 京剧

图57-1 京戏

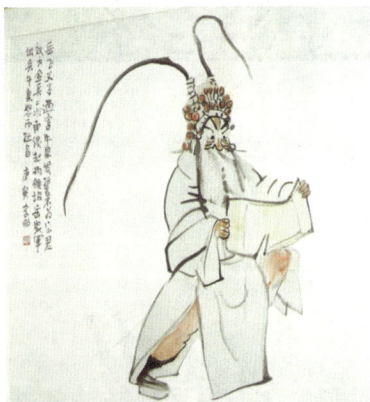

图57-2 牛皋扯旨

图57-3 京戏武打

图57-4 京剧脸谱

图57-5 京剧

图57-6 国粹

图版58.木拱桥

图58-1 婺源宋彩虹桥

图版59.西夏活字印刷

图59-1 西夏活字印刷

图版60.郑和

图60-1 妈祖佑郑和

图60-2 郑和行香碑

图版61.白蛇传

图61-1 白娘子昆仑盗仙草救许仙

图版62.梁祝传说

图62-1 梁祝文化

图62-2 梁祝化蝶

图62-3 蝶恋花

图62-4 花恋蝶

图版63.济公

图63-1 大相国寺梁上济公

图63-3 东林寺济公

图63-2 崇武济公

图版64. 瞿昙寺

图64-1 瞿昙寺

图64-2 山门

图64-3 碑亭

图64-4 瞿坛寺瓦当

图64-5 瞿坛壁画

图64-6 佛祖诞生

图64-7 佛涅槃

图版65.聊斋

图65-1 蒲松龄画像

图65-3 蒲松龄石像

图65-4 蒲松龄墓

图65-2 聊斋

图65-5 蒲亭

图65-6 聊斋园

图65-7 狐仙园

图65-8 柳泉

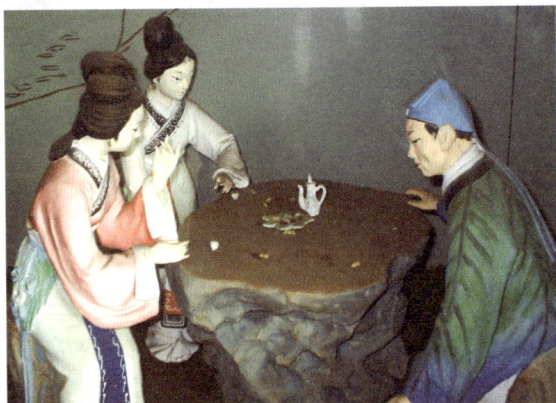

图65-9 聊斋故事

图版66. 潮州音乐

图66-1 潮州音乐

图版67. 五台山

图67-1 五台山线路图

图67-2 五台山

图67-3 显通寺

图版68. 玄妙观

图68-1 元玄妙道观

图版69. 武当净乐宫

图69-1 净乐宫门

图69-3 圣父母殿

图69-2 净乐主殿

图69-4 赑屃

图版70.舞狮

图70-1 舞狮

图版71.海城高跷

图71-1 高跷

图71-2 刘老根大舞台

图71-3 露天免费表演

图版72. 川剧

图72-1 川剧变脸

图72-1 变脸

图版73.灯戏

图73-1 顶灯

图版74. 傩

图74-1 傩

图版75.皮影

图75-1 乌镇皮影

图75-2 皮影

图版76. 木偶

图76-1 川偶

图76-2 折腰

图76-3 芙蓉木偶

图版77. 苏州评弹

图77-1 评弹

图77-2 "吴语神韵"

图77-3 评弹师

图版78.抖空竹

图78-1 抖空竹

图版79. 少林功夫

图79-1 少室山密林中寺故少林寺

图79-3 十三棍僧救唐王

图79-2 少林拳

图79-4 功夫

图79-5 睡功

图79-6 少林武术

图版80. 太极拳

图80-1

图80-4

图80-2

图80-5

图80-3

图80-6

图版81.蹴鞠

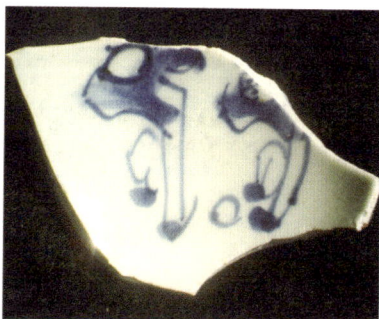

图81-1 蹴鞠

图81-2 明蹴鞠瓷片

图版82.朱仙镇木版年画

图82-1 朱仙镇木版画作坊

图版83.纳西族东巴画

图83-1 纳西族东巴图画象形文

图83-2 东巴画

图82-3 东巴画

图82-4 东巴画

图82-5 东巴画

图版84. 藏族唐卡

图84-1 西藏

图84-2 藏族唐卡

图版85. 广绣

图85-1 荷

图85-2 孔雀

图85-3 欧妇

图版86.象牙雕刻

图86-1 象牙杯

图版87.曲阳石雕

图87-1 曲阳

图87-2 八字大门

图87-3 博物馆

图87-4 大佛寺石狮

图87-5 三世中丞牌坊

图87-6 唐开元塔武士

图87-7 天下第一大赑屃

图版88. 寿山石雕

图88-1 寿山印

图88-2 清寿山石刻

图版89.惠安石雕

图89-1 东山岛关帝庙石狮

图89-2 湄洲妈祖庙石狮

图89-3 赤县神姑庙石狮

图89-5 大刀关胜

图89-4 太上老君

图89-6 火霹雳秦明

图版90. 婺源三雕

图90-1 清俞氏宗祠木雕

图90-2 俞氏宗祠"父子柱史"

图90-3 南瓜鼠多子

图90-4 万般皆下品唯有读书高（浮雕）

图版91.潮州木雕

图91-1 潮安陈氏祠堂金漆木雕

图91-3 木狮

图91-2 潮州木雕

图91-4 雕梁

图版92. 竹刻

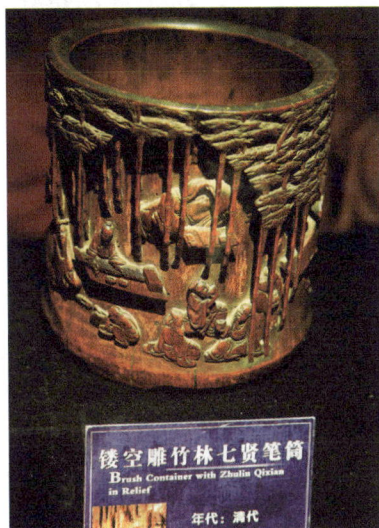

图92-1 清竹林七贤笔筒

图92-2 清竹蟹篓

图92-3 "好人一生平安"竹笔筒

图版93. 天津泥人张泥塑

图93-1 津门舞女

图93-3 修理眼镜

图93-2 面包师

图93-4 自行车修理

图版94. 惠山泥人

图94-1 阿福

图94-2 60年国庆阿福彩车

图版95. 宜兴紫砂陶

图95-1 雅赏

图95-3 宜兴清紫砂陶

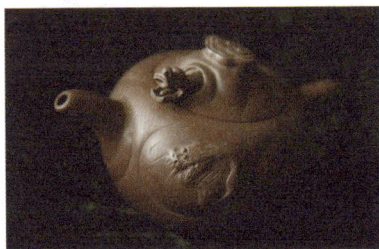
图95-2 宜兴方圆龙头紫砂泥壶

图95-4 杨景宇藏紫砂泥壶

图版96. 石湾陶塑

图96-1 李白

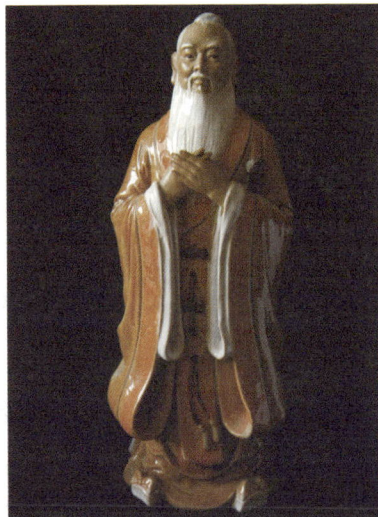
图96-2 太上老君

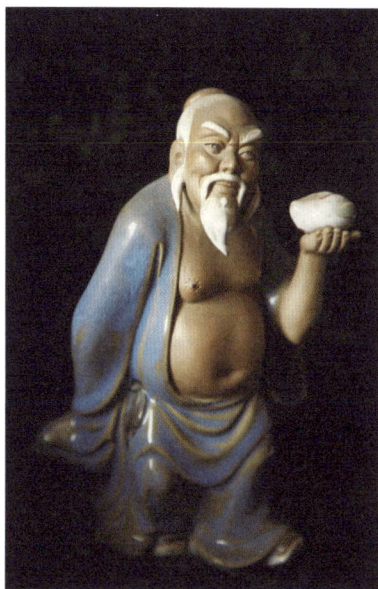

图96-3 寿星

图96-5 渔篓笔筒

图96-6 熊猫烟缸

图96-7 人物

图96-4 石湾女

图96-8 人物

图版97. 耀州窑陶瓷

图97-1 沙湖酒厂清四系酒壶

图97-2 明白底黑花罐

图97-3 白底黑花罐

图版98. 磁州窑陶瓷

图98-1 包头唐蓝罐

图98-2 白底刻花罐

图98-3 白底黑龙梅瓶

图98-5 白底黑花盘

图版99. 德化瓷

图98-4 正仁所瓶

图99-1 明德化白瓷观音

图版100. 土家族织锦技艺

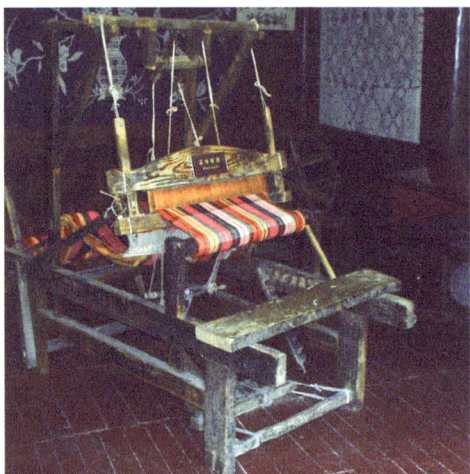

图100-1 土家织锦木机

图版101. 福建土楼

图101-1 南靖"四菜一汤"土楼

图101-3 裕昌楼

图101-2 田螺坑村土楼

图101-4 东倒西歪裕昌楼

图101-6 二宜楼

图101-5 二宜楼门

图版102. 景德镇传统瓷窑作坊营造技艺

图102-1 景德镇瑶里水车

图102-3 烧窑

图102-2 景德镇瑶里碓

图102-4 明嘉靖回青釉宝石蓝碗

图102-5 明斗彩盘

图102-6 津博镇馆宝瓶

图102-7 太阳双龙盘

图102-8 鬼谷子下山

图102-9 人物

图102-10 巨盘

图102-11 大缸

图102-12 勺

图102-13 福寿瓶

图版103. 侗族木构建筑营造技艺

图103-1 侗族风雨桥

图版104. 苗寨吊脚楼

图104-1 德夯苗寨

图104-3 凤凰吊脚楼

图104-2 芙蓉镇土司王行宫

图104-4 苗寨吊脚楼砂岩画

图版105. 苏州御窑金砖

图105-1 苏州御窑金砖

图版106. 龙泉宝剑

图106-1 龙泉宝剑

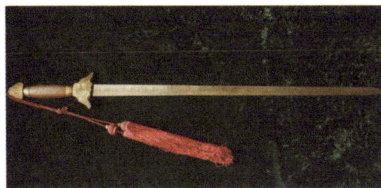

图106-3 七星龙剑

图106-2 龙剑

图版107. 芜湖铁画

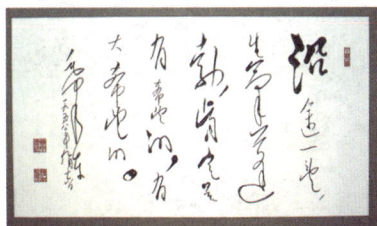

图107-1 毛泽东书法铁画

图107-2 人民大会堂迎客松

图版108. 景泰蓝

图108-1 北京大学校徽

图108-2 景泰蓝牡丹花瓶

图108-3 景泰蓝

图108-4 钥匙链

图108-5 北京景泰蓝

图版109. 明式家具

图109-1 明式家具

图版110. 罗盘

图110-1 司南

图版111. 茅台酒

图111-1 茅台酒

图版112. 泸州老窖

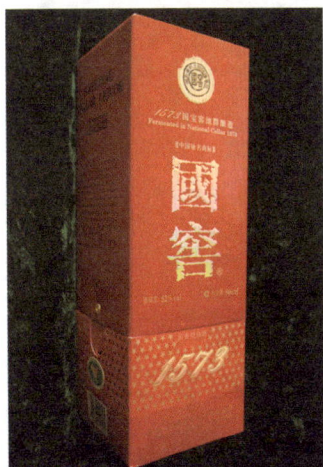

图112-1 泸州老窖

图112-2 国窖1573

图版113. 杏花村汾酒

图113-1 杏花村汾酒

图版114. 镇江恒顺香醋

图114-1 镇江恒顺香醋

图版115. 纳西族手工造纸

图115-1 纳西族手工造纸

图115-2 晾干

图115-3 东巴古法造纸

图版116.湖笔

图116-1 湖笔

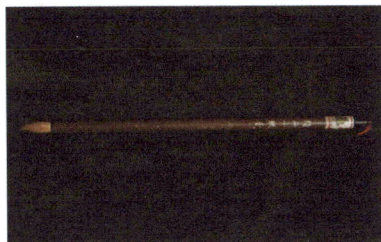

图116-2 精品小狼毫

图版117.端砚

图117-1 古端砚石眼

图117-2 古砚

图版118.木版水印

图118-1 荣宝斋木版水印

图118-2 木版水印苦禅画

图版119.扇

图119-1 香木扇

图119-3 扇操

图119-2 纸扇

图119-4 扇舞

图版120.剧装戏具

图120-1 骑马

图120-3 脸谱

图120-2 戏剧脸谱

图120-4 脸谱

图120-5 脸谱

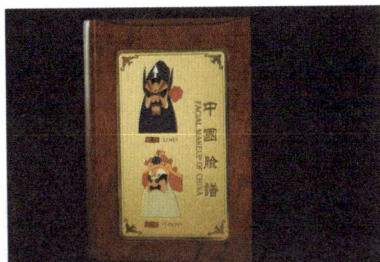

图120-6 脸谱

图版121. 浏阳花炮

图121-1 礼花

图121-3 "回归"

图121-2 焰火

图121-4 "鸟巢"

图121-5 60年国庆礼花

图版122. 风筝

图122-1 郑板桥"难得糊涂"风筝

图版123. 中药炮制技术

图123-1 中药炮制

图版124. 同仁堂中医药文化

图124-1 同仁堂

图124-2 "同仁堂"字号

图124-3 同仁堂丸药

图版125. 胡庆余堂中药文化

图125-1 胡庆余堂

图125-2 胡庆余堂"真不二价"

图版126. 清明节

图126-1 清明

图126-3 韦拔群墓

图126-2 李大钊

图126-4 昭明

图126-5 沙飞（司徒传）

图126-6 银河

图126-7 石家庄

图126-8 清明祭

图126-9 烧纸

图126-10 悼

图126-11 悼

图126-12 沙飞（司徒传）

图版127. 中秋节

图127-1

图版128. 重阳节

图128-1 九九重阳登香山

图128-2 九九夕阳红

图版129. 都江堰

图129-1 都江堰

图129-2 宝瓶口

图版130.孔子

图130-1 孔子

图130-3 漳州孔庙

图130-4 苏州文庙

图130-2 大成殿

图130-5 文庙牌坊

图版131.伏羲女娲

图131-1 巴渝伏羲

图131-2 伏羲女娲

图版132. 敖包

图132-1 陨石敖包

图版133. 厂甸庙会

图133-1 厂甸庙会

图133-2 庙会冰糖葫芦

图版134. 菊花

图134-1 粤菊

图134-2 菊花砖

图版135. 泰山石敢当习俗

图135-1 平遥泰山石敢当

图135-3 石敢当神位

图135-2 钱岗村泰山石敢当习俗

图版136. 楹联

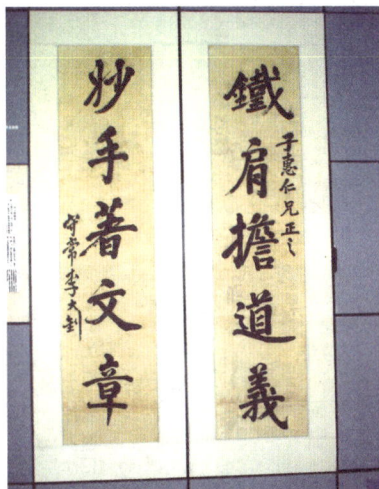

图136-1 守常联

图136-2 武侯祠名联

图136-3 龙门楹联

图136-4 余荫楹联

图136-5 幽径

图136-6 龙湖门联

图136-7 九龙斋楹联

图版137. 苏州甪直水乡妇女服饰

图137-1 苏州甪直水乡摇舟妇女

图137-2 甪直长廊下女船家

图137-3 甪直古镇船上交易

图137-4 甪直鱼鹰

图版138. 惠安女

图138-1 惠安女

图版139. 回族服饰

图139-1 艾提尕尔清真寺

图139-2 回族服饰

图139-3 秦姬陵

图139-4 银川街头

图版140.八达岭长城

图140-1 八达岭长城

图140-2 八达岭

图版141.穆桂英

图141-2 穆桂英与杨宗保

图141-1 穆桂英

图版142.西湖传说

图142-1 西湖传说·断桥

图版143.观音

图143-1 大佛寺宋泥塑端坐观音

图143-2 大佛寺大势至壁画

图143-3 药王山双观音

图143-4 大相国寺清乾隆银杏木千手观音

图143-5 光福寺千手观音

图143-6 藏千手千眼观音

图143-7 八宝山观音

图143-9 龙门观音

图143-8 "普陀南海"

图143-10 观音石像

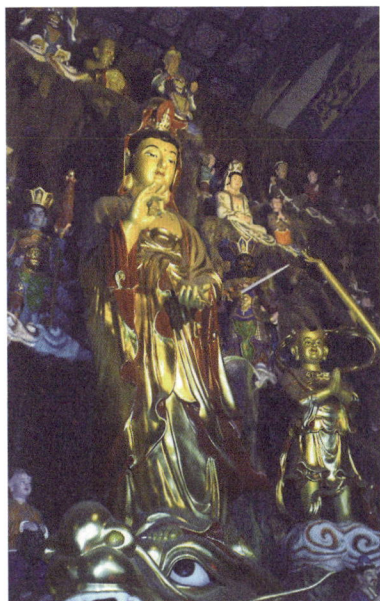
图143-11 广佑寺观世音

图143-12 潮州观音

图版144.徐福

图144-1 徐福祠

图版145.麒麟

图145-1 铜麒麟

图145-2 泉州开元寺麒麟影壁

图145-3 大逻所城麒麟

图145-4 鹿角麒麟

图145-5 龙首麒麟

图145-6 鱼首麒麟

图145-7 鸡首麒麟

图145-8 高山堡麒麟门蹲

图145-9 麒麟门蹲

图145-10 双麒麟门蹲

图145-12 麒麟瓷瓶

图145-13 麒麟品牌

图145-11 麒麟瓷瓶

图版146.鲁班

图146-1 潍水鲁班像

图版147.八仙

图147-1 蓬莱阁八仙

图147-3 八仙金漆木雕

图147-2 清八仙盘

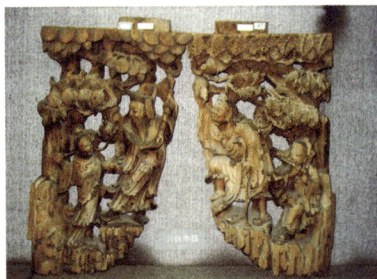

图147-4 可园八仙牛腿

图147-5 南浔八仙石雕

图147-6 南浔八仙石雕

图147-7 南浔八仙石雕

图147-8 兰州八仙过海砖雕

图147-9 兰州八仙过海砖雕

图147-10 范曾八仙图

图147-11 韩湘子与李铁拐

图147-12 蓝采和

图147-13 清晖园蓝采和玻璃像

图147-14 清晖园韩湘子玻璃像

图147-15 清晖园吕洞宾玻璃像

图147-16 清晖园曹国舅玻璃像

图147-17 石湾铁拐李

图147-18 吕洞宾

图147-19 汉钟离

图147-20 蓝采和

图147-21 曹国舅

图147-22 张果老

图147-23 何仙姑

图版148.屈原传说

图148-1 屈原天问

图148-2 屈原赋楚辞

图148-3 屈原抚古琴

图148-4 屈子治国安邦

图148-5 屈原桔颂

图148-6 屈原流放

图148-7 屈原汨罗投江

图版149. 王昭君传说

图149-1 昭君出塞

图149-2 王昭君

图版150.炎帝神农传说

图150-1 "神农氏"古砚

图150-2 大埕所城先农庙

图版151. 木兰传说

图151-1 木兰从军

图151-2 花木兰舞

图版152. 崂山民间故事

图152-1 崂山老人石

图版153. 盘古神话

图153-1 盘古神话

图153-2 三峡盘古

图153-3 盘古

图版154. 黄河

图154-1 黄河之水天上来

图154-2 黄河壶口

图154-3 壶口惊涛

图154-4 壶口飞虹

图版155. 长江

图155-1 长江

图155-2 长江三峡

图版156. 长白山

图156-1 长白山飞瀑

图156-2 万年松

图版157. 湘西苗族民歌

图157-1 湘西苗家歌舞

图157-2 湘西苗家三姐妹唱山歌

图版158.维吾尔族民歌

图158-1 老人

图158-3 老人

图158-2 青年

图158-4 儿童

图版159. 琵琶艺术

图159-1 琵琶

图159-2 清可园琵琶演奏图

图159-3 白居易琵琶亭

图版160. 大相国寺梵乐

图160-1 大雄宝殿

图160-3 鲁智深倒拔垂杨柳

图160-2 泥塑释迦牟尼佛

图160-4 三个和尚清莲图

图版161.拉卜楞寺佛殿音乐

图161-1 拉卜楞寺

图161-3 拉卜楞寺佛殿音乐

图161-2 拉卜楞寺金塔

图版162.北武当庙

图162-1 北武当山门

图162-2 北武当庙

图版163. 鼓舞

图163-1 迎宾鼓

图163-2 舞鼓

图版164.相声

图164-1 相声

图164-2 说学逗唱

图版165.围棋

图165-1 围棋

图版166.象棋

图166-1 象棋

图166-2 下象棋

图166-3 京城搏弈

图166-5 昆明街头对弈

图166-4 将

图166-6 棒槌岛老汉下棋

图版167.拳

图167-1 拳术

图167-2 武打木雕

图167-3 小龙功夫

图167-4 练拳

图版168. 箭术

图版169. 赛马

图168-1 弯弓射

图169-1 赛马

图版170. 戏法

图170-1 变戏法

图版171. 石雕

图171-1 龙门石窟

图171-2 力士

图171-3 乞丐讨饼

图171-4 明教

图171-5 丝绸之路

图171-6 从熙石雕

图171-7乙略黄公祠

图171-10 农耕图

图171-8 潮州陈祠石雕

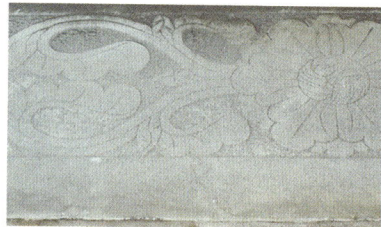

图171-11 和丰银行汉白玉牡丹浅浮雕

图171-9 巴阳人

图171-12 封侯

图171-13 芦沟桥狮子

图171-14 灵岩寺石狮

图171-16 董府石狮

图171-15 包头石狮

图171-17 中南海石狮·"毛泽东思想万岁！"

图版172.玉雕

图172-1 金沙玉圭

图172-2 金沙玉圭

图172-3 金沙玉钺

图172-4 金沙玉钺

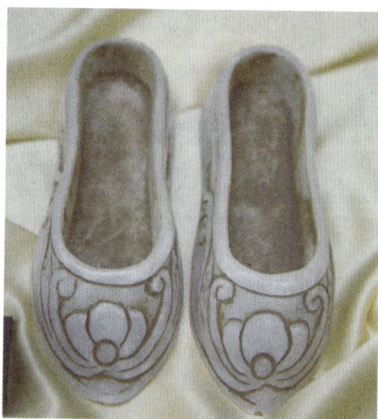

图172-5 内联升玉鞋

图172-6 玉鸡

图版173.木雕

图173-1 乌镇木刻·七子八婿祝郭子仪寿

图173-2 清罗汉木雕

图173-3 开封山陕会馆垂花

图173-5 董府雕花木门

图173-4 陈祠雕花楠木门

图173-6 楠木雕花笔筒

图版174. 葫芦雕刻

图174-1 北京葫芦雕刻

图174-2 葫芦

图174-3 葫芦雕刻

图174-4 葫芦

图版175. 料器

图175-1 玻璃鹅

图版176. 瓯塑

图176-1 泉州开元寺影壁

图176-2 开元寺禄喜寿瓯塑

图176-3 开元寺吉祥瓯塑

图版177. 灰塑

图177-1 陈氏宗祠光绪年灰塑

图177-2 陈氏宗祠灰塑

图177-3 陈氏宗祠灰塑

图177-4 陈氏宗祠灰塑

图177-5 陈氏宗祠灰塑

图177-6 祖庙龙影壁灰塑

图117-7 祖庙人物灰塑

图177-8 余荫山房福临门灰塑

图177-9 余荫山房吞虹灰塑

图177-10 余荫山房印月灰塑

图版178.瓷板画

图178-1 韩愈鳄鱼文

图178-2 刘允

图178-3 卢桐

图178-4 王大宝

图178-5 吴夜古

图178-6 张夔

图178-7 赵德

图178-8 唐太宗

图版179.瓷板画清明上河图

图179-1 出行

图179-2 倾倒

图179-3 奋力

图179-4 上河

图179-5 清明上河图

图179-6 骑

图179-7 牛车

图179-8 赶集

图179-10 买

图179-9 天之

图179-11 背麻包

图179-12 驮驴出城

图版180. 镶嵌

图180-1 嵌玉漆杯

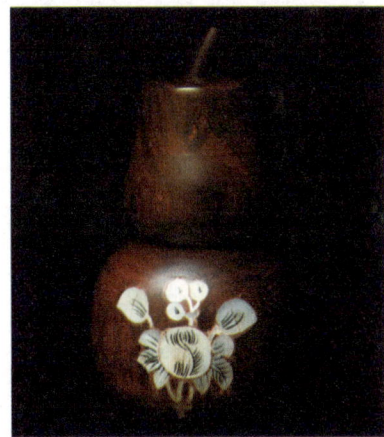
图180-2 葫芦镶嵌

图版181. 盆景

图181-1 鹰桃盆景

图版182. 琉璃

图182-1 九龙壁

图182-2 二龙戏珠

图182-3 清黄琉璃首

图182-4 明黄琉璃筒瓦

图182-5 明绿琉璃筒瓦

图182-6 清雍正黄琉璃板瓦

图182-7 清紫琉璃板瓦

图182-8 清黑琉璃板瓦

图版183. 贡砖

图183-1 西直门正德年应天砖

图183-2 嘉靖西直门半城砖

图183-3 荣升窑澄浆停城砖

图183-4 宝祥窑细泥停城砖

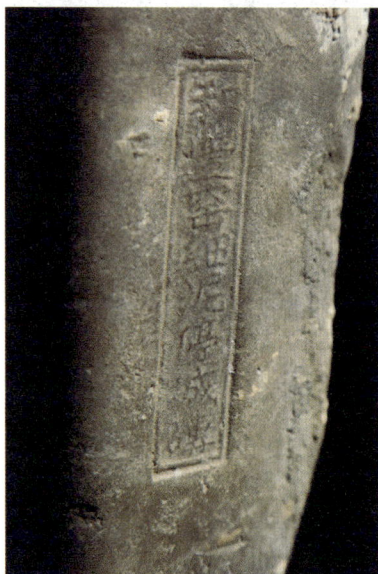

图183-5 和丰窑细泥停城砖

图版184.钧瓷

图184-1 钧窑罐

图184-2 钧盘

图184-3 龙纹对瓶

图184-4日钧

图184-5 瓶

图184-6 瓶

图184-7 宋钧瓷片　　　　图184-8 宋钧瓷片　　　　图184-9 宋钧瓷片

图版185. 唐三彩

图185-1 唐三彩罐

图185-2 唐三彩碗

图185-3 唐三彩器皿

图185-5 唐三彩龙

图185-4 唐三彩兽

图版186. 醴陵釉下五彩

图186-1 醴陵釉下五彩大会堂茶杯

图版187. 枫溪瓷烧制技艺

图187-1 宋潮州龙窑

图187-2 水罐

图187-3 青花盘

图187-4 青花瓶

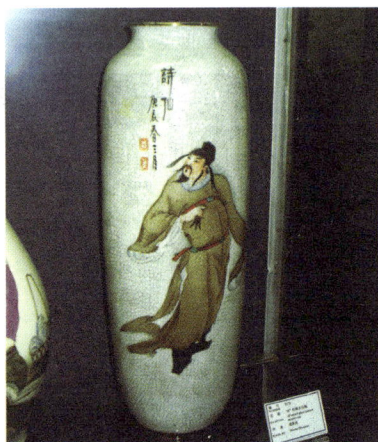

图187-5 诗仙

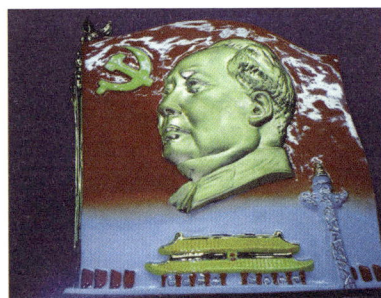

图187-6 毛主席像章

图187-7 水浒一百单八将

图版188. 陶器

图188-1 藏父系礼陶

图188-2 固原彩陶蛙罐

图188-3 良渚黑陶袋足鬶

图188-4 良渚黑陶盉

图188-5 良渚红陶盉

图188-6 良渚红陶袋足鬶

图188-7 金沙跪人

图188-8 徐州汉彩陶俑

图188-10 徐州汉陶俑

图188-11 汉陶屋

图188-12 油灯

图188-9 油灯

图188-13 狗头壶

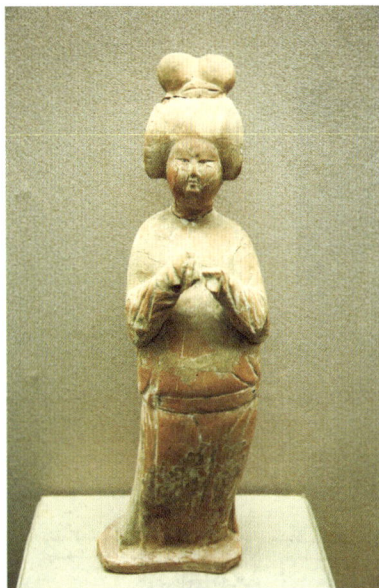

图188-14 唐小眼侍女

图188-16 明粗陶罐

图188-17 泛铅陶花盆

图版189. 传统棉纺织技艺

图188-15 陶罐

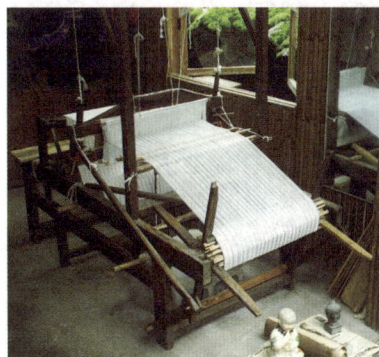

图189-1 织布机

图版190. 盛锡福

图190-1 盛锡福

图版191. 内联升千层底布鞋制作技艺

图191-1 内联升·穿朝靴连升三级

图191-2 内联升

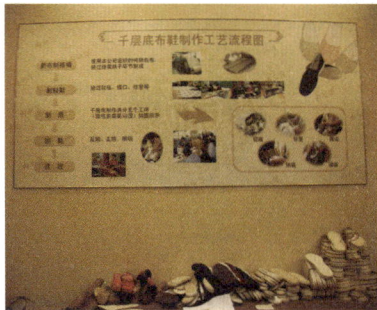

图191-3 内联升千层底布鞋制作工艺流程图

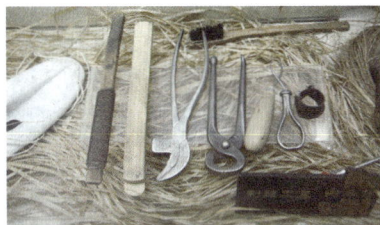

图192-4 制鞋工具

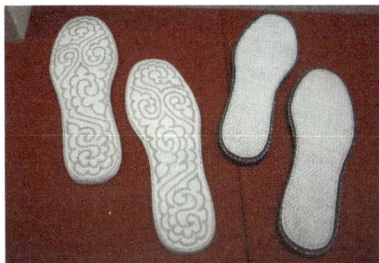

图192-6 鞋底

图192-5 纳鞋底

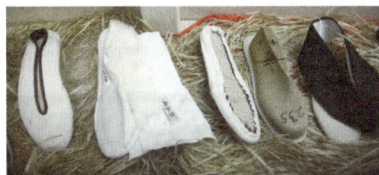

图192-7 鞋帮

图192-8 小平鞋

图版192. 金银器

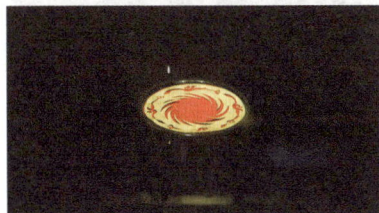

图192-1 金沙太阳神鸟

图192-2 金沙金面人

图192-3 白石"大富贵"银牡丹

图192-4 银熊猫"团团圆圆"

图版193. 铜雕

图193-1 长信宫灯

图193-2 南佛铜像

图193-3 提手铜罐

图193-6 杭州铜堂应县木塔铜雕

图193-4 杭州铜堂三佛像

图193-5 杭州铜堂千佛阁

图193-7 棒槌岛顽童铜像

图193-8 杭州铜堂张飞馆

图193-10 棒槌岛少女铜像

图193-9 棒槌岛少女铜像

图版194. 彝族漆器

图194-1 彝族漆碗

图194-2 彝族漆器鹰爪碗

图194-3 彝族漆器凉山火把节

图194-4 彝族月亮女神漆盘

图194-5 彝族少女漆盘

图版195. 易水砚

图195-1 易水砚

图版196. 印泥

图196-1 印泥

图版197. 字画装裱

图197-1 李志敏书"法"

图197-2 知音

图版198. 传统木船

图198-1 海河木船

图198-2 漕运木船

图198-3 载酒扬帆

图198-4 乌蓬船

图198-5 海上传统船

图版199. 香

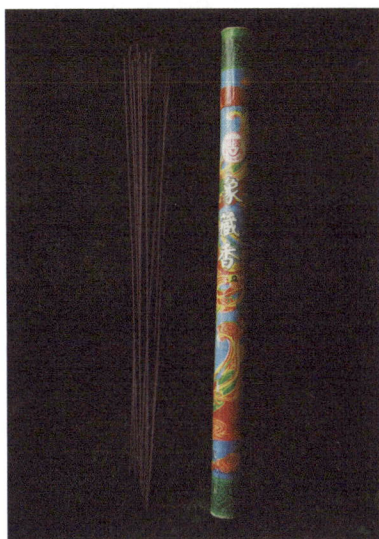

图199-1 香

图版200. 蒸馏酒

图200-1 五粮液

图200-2 浔酒

图200-3 劝酒

图200-4 大足石刻醉汉回家

图200-5 酱釉梅瓶

图200-6 蓝釉黄龙梅瓶

图200-7 辽鸡腿瓶

图200-8 龙凤梅瓶

图200-10 梅瓶

图200-11 烫酒绿瓷壶

图200-9 宋辽温酒壶

图200-12 釉里红堆塑梅瓶

图版201. 张一元

图201-1 张一元

图版202. 绿茶

图202-2 茶园

图202-3 黄山毛峰

图202-1 西湖龙井

图版203. 乌龙茶

图203-1 陆羽

图203-2 铁观音

图版204. 盐

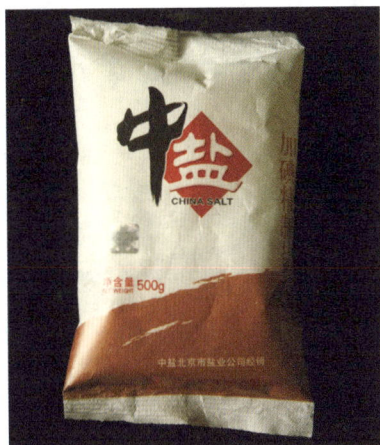

图204-1 盐

图版205. 酱油

图205-1 海天老抽

图版206. 王致和腐乳

图206-1 王致和腐乳

图版207. 酱菜

图207-1 橄榄酱菜

图版208. 榨菜

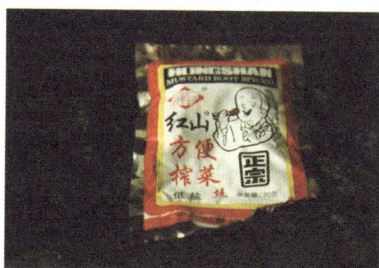

图208-1 榨菜

图版209. 龙须拉面

图209-1 龙须拉面

图版210. 火腿

图210-1 "火腿"

图版211. 全聚德挂炉烤鸭

图211-1 全聚德挂炉烤鸭

图211-2 全聚德之夜

图版212. 便宜坊焖炉烤鸭技艺

图212-1 杨继盛题笔留店名

图212-2 便宜坊

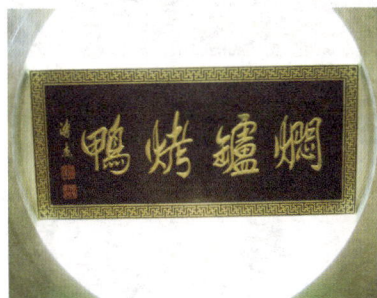

图212-3 溥杰 "焖炉烤鸭"

图212-4 烤鸭焖炉

图212-5 品烤鸭

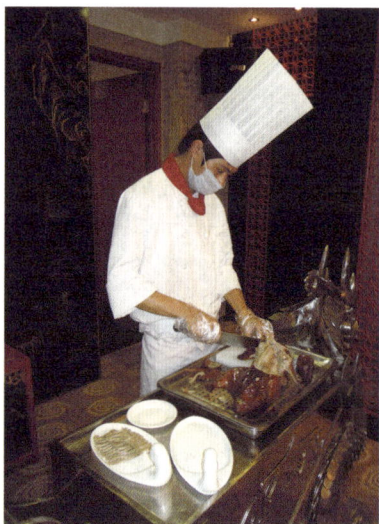

图212-6 片烤鸭

图版213. 月盛斋

图213-1 月盛斋

图版214. 烤羊肉串

图214-1 烤羊肉串

图版215. 天福号

图215-1 天福号

图版216. 都一处

图216-1

图版217. 官式古建筑

图217-1

图217-2

图217-3 恭王府

图217-4 天安门

图217-5 箭楼

图217-6 北海

图217-7 沁泉廊

图217-8 团城

图217-9 香山园

图217-10 岱庙

图217-11嘉峪三关

图版218. 石桥

图218-1

图218-3 卢沟晓月

图218-2

图218-4 广济桥

图218-5 环连

图218-9 卢沟桥的狮子

图218-6 回家

图218-10 洛阳桥

图218-7 江南水乡西塘

图218-11 洛阳桥

图218-8 卢沟桥

图218-12 南浔

图218-13 五里桥

图218-14 五里桥

图版219. 古村落

图219-1 诸葛村

图版220. 徽派传统民居

图220-1 浮梁县衙

图220-2 红塔

图220-3 六大名镇西塘

图220-4 畔水

图220-5 思溪

图220-6 泰宁"四世一品"

图220-7 徽派传统民居

图220-8 皖

图220-9 乌镇

图版221. 塔下村

图221-1 村落

图221-2 村落

图221-3 村落

图221-4 塔下村

图221-5 塔下村龙杆

图221-6 张氏家庙

图版222. 梅下村

图222-1

图222-2

图222-3

图222-4

图版223.蒙古包

图223-1 科尔沁

图223-2 科尔沁

图版224.哈萨克族毡房

图224-1

图224-2

图224-3

图224-4

图版225. 藏族碉楼

图225-1 藏碉楼

图225-4 甲蕃古城

图225-2 古堡

图225-5 羌楼

图225-3 甲蕃

图225-6 吐蕃碉楼

图版226 卍字

图226-1 万字

图226-2 卍字"万寿"盘正面

图226-3 万字砖椽

图版227. 泰山东岳庙

图227-1 财神

图227-2 泰庙

图227-3 正阳门

图版228. 火宫殿

图228-1 火宫殿

图版229. 佛山祖庙

图229-1 祖庙

图版230. 药王山

图230-1 孙思邈

图230-2 药王山

图230-3 唐棺

图230-4 陕西栓马石

图230-5 石栓

图230-6 解州关帝庙

图230-7 药王山山门

图版231. 解州关帝

图231-1 烛香

图231-2 解州关帝庙

图231-3 解州关帝庙壁画

图231-5 解州关帝庙壁画

图231-4 关帝故里

图231-6 解州关帝庙铁狮、武士

图版232.关公信俗

图232-1 张掖关帝庙

图232-2 张掖关帝

图232-3

图232-6

图232-4

图232-7

图232-8 东山岛关帝庙

图232-5

图232-9 巴蜀关公

图232-12 官渡关庙

图232-13 官渡关庙殿门

图232-10 关平和赤兔马

图232-11 关羽与韦驮

图232-14 开封甘陕会馆关羽

图232-15 开封清乾隆甘陕会馆

图232-16 张掖关帝庙

图232-17 朱仙镇关庙三英战吕布

图232-18

图232-19 西塘忠义盖世关圣

图版233. 大槐树祭祖习俗

图233-1 大槐树祭祖习俗

图233-2 大槐树祭祖习俗

图233-3 大槐树祭祖习俗

图233-4 大槐树祭祖习俗

图版234. 骆驼

图234-1 野骆驼

图版235. 长白山山参

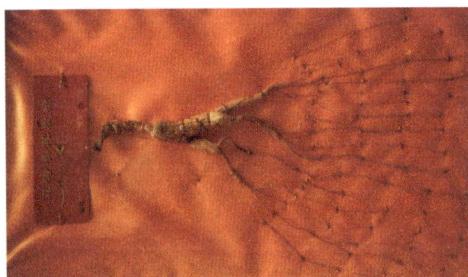
图235-1 长白山山参

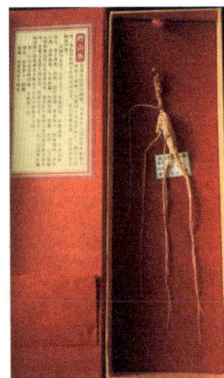
图235-2 长白山野山参

图版236. 洛阳牡丹

图236-1 洛阳粉牡丹

图236-2 洛阳牡丹

图236-3 洛阳牡丹花车

图版237. 潮州工夫茶艺

图237-1 潮州工夫茶艺

图237-2 潮州工夫茶艺

图版238. 藏族服饰

图238-1 藏族服饰

图238-2 藏族服饰

图版239. 维吾尔族服饰

图239-1 维吾尔老人

图239-2 维吾尔族老人

图239-3 维吾尔族文学家

图版240. 珠算

图240-1 修真观珠算

图240-2 珠算

图版241. 砖雕

图241-1 辽阳白塔砖雕

图241-3 二龙戏珠

图241-2 砖雕菩萨

图241-4 龙凤

图241-5 山西民居砖雕

图版242. 泥塑

图242-1 泥塑

图242-2 泥塑

图242-3 泥塑

图242-4 泥塑

图242-5 泥塑

图242-6 泥塑

图242-7 宝顶山

图242-8 泥塑

图242-9 泥塑

图242-10 巴人

图242-11 宝顶山

图242-12 大足石刻

图242-15 乞丐讨饼

图242-13 东林寺沙僧

图242-16 曲阳

图242-14 含情菩萨

图242-17 收租

图242-18 张飞

图242-19 泥塑

图版243. 北京灯彩

图243-1 北京灯彩

图243-2 北京灯彩

图243-3 北京灯彩

图243-4 福禄寿

图243-5 脸谱

图243-9 脸谱

图243-6 脸谱

图243-7 压板

图243-10 芝麻开门

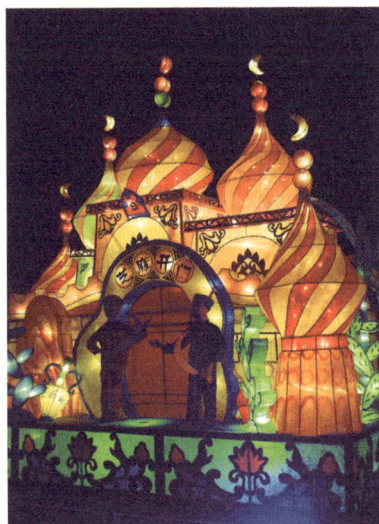

图243-8 压板

图版244. 竹编

图244-1 竹箩

图244-3 西塘竹屏

图244-2 竹盒

图224-4 竹挠

图版245. 蜡染

图245-1 蜡染

图版246. 生铁冶铸

图246-2 解州关帝庙铁狮

图246-1 沧州铁狮子

图246-3

图版247. 剪刀

图247-1 剪刀

图版248. 家具

图248-1 家具

图248-2 家具

图248-3 家具

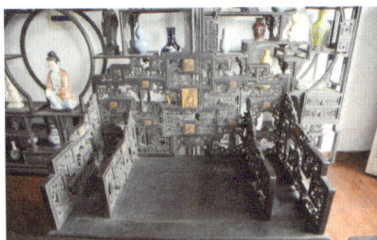
图248-4 家具

图248-5 清福、喜上眉稍椅

图248-6 唐人汇家具

图248-7 王家大院床

图248-8 王家大院虎皮椅

图248-9 家具

图248-10 家具

图248-11 家具

图版249. 新郑黄帝拜祖

图249-1 黄帝庙

图249-3 黄帝故里

图249-2 黄帝庙

图249-4 人文始祖

图249-5 轩辕

图版250. 天坛

图250-1 天坛

图250-2 天坛

图250-3 天坛双圆万寿亭

图版251. 舜的传说

图251-1 虞舜孝行感天图

图版252. 禹的传说

图252-1 禹王庙

图252-2 禹碑岣嵝文

图252-3 绍兴禹王

图版253.老子传说

图253-1 函谷关楼

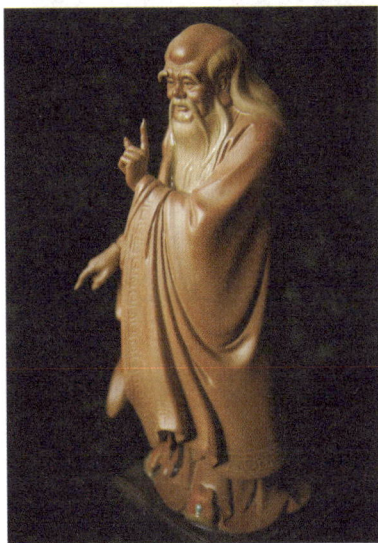

图253-2 老子

图253-3 老子青牛

图253-4 老子写书处

图253-5 宋老子像

图253-6 终南山老子祠

图253-7 终南山老子石刻

图版254. 禅宗祖师传说

图254-1 瞿坛壁画·达摩渡江北上

图254-2 少林石刻·初祖达摩—苇渡江九年面壁创禅宗

图254-4 六祖惠能

图254-5 六祖塔

图254-3 南华寺祖殿

图版255. 布袋和尚传说

图255-1 布袋和尚栓马柱

图255-2 南普陀天王殿

图255-3 药王山弥勒

图255-4 弥勒

图版256. 苏东坡传说

图256-2 南华寺苏东坡与六祖惠能

图256-1 石钟山苏东坡像

图版257. 王羲之传说

图257-1 兰亭序

图257-2 鹅池

图版258. 牡丹

图258-1 陶然亭

图258-2 暗粉牡丹

图258-3 粉牡丹

图258-4 陶然亭牡丹

图258-5 中山公园粉白牡丹

图版259. 泰山传说

图259-1 画像石

图259-2 石碑

图259-3 画像石

图259-4 塔

图259-5 浮雕

图259-6 浮雕

图259-7 浮雕

图259-8 浮雕

图259-9 浮雕

图259-10 浮雕

图259-11 浮雕

图259-12 石碑

图259-13 牌坊

图版260. 黄鹤楼

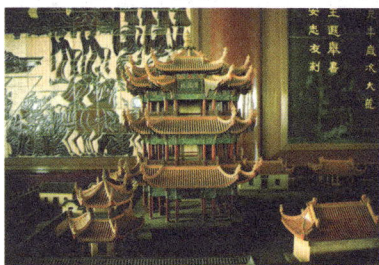

图260-1 模型

图260-2 远瞰

图版261. 九江

图261-1 白鹿洞书院

图261-2 清烟水亭

图261-3 九江

图261-4 锁江塔

图版262. 承德

图262-1 小金山

图262-2 双塔山

图262-3 羊群

图262-4 烟雨楼

图262-5 羊群

图262-6 羊倌

图版263. 十八般武艺

图263-1 武术

图263-3 舞剑

图263-2 张恒山

图263-4 耍

图版264. 高杆船技

图264-1 高杆船技

图264-2 高杆船技

图264-3 高杆船技

图版265. 花键

图265-1 花键

图265-3

图265-2

图265-4

图版266. 越窑青瓷

图266-1 龙纹瓶

图266-2 残片

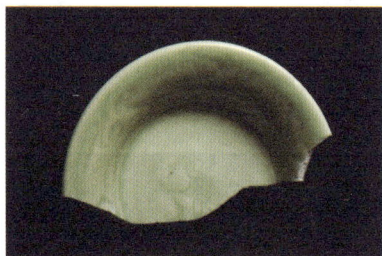

图266-3 残片

图266-4 壶

图266-5 隋青花

图266-6 青瓷笔架

图266-7 五代秘色瓷

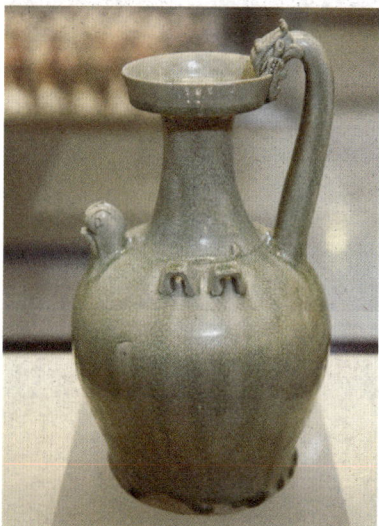

图266-8 盘

图266-9 壶

图版267. 汝瓷

图267-1 汝窑

图版268. 银铜器制作及鎏金技艺

图268-1 金奖

图268-3 佛像

图268-2 佛像

图268-4 佛像

图268-5 佛像

图268-7 佛像

图268-8 佛偈

图268-6 佛塔

图268-9 佛像

图268-10 法器

图268-11 欢喜佛

图版269. 青铜器

图269-1 乐器

图269-2 器具

图269-3 铜盖

图269-4 狩猎

图269-8 青铜皿

图269-5 动物

图269-9 武王封克燕青铜铭文

图269-6 马踏飞燕

图269-10 云狮

图269-7 牛虎案

图269-11 野猪

图版270. 古书画临摹复制

图270-1 康熙耕织图·耕

图270-2 康熙耕织图·插秧

图270-3 康熙耕织图·登场

图270-4 耕织图·入仓

图270-5 悲鸿画马

图版271. 仿膳（清廷御膳）制作技艺、直隶官府菜烹饪技艺

图271-1 老舍题"仿膳"

图271-2 直隶总督署

图271-3 廉生威

图271-4 满汉席

图271-5 甜点

图版272. 北京四合院

图272-1 大宅门

图272-2 门扣

图272-3 门

图272-4 门

图272-5 北京四合院

图版273. 维吾尔族民居

图237-1 喀什民居

图237-3 库车王府

图237-2 库车

图237-4 库车王爷府

图版274. 建筑彩绘

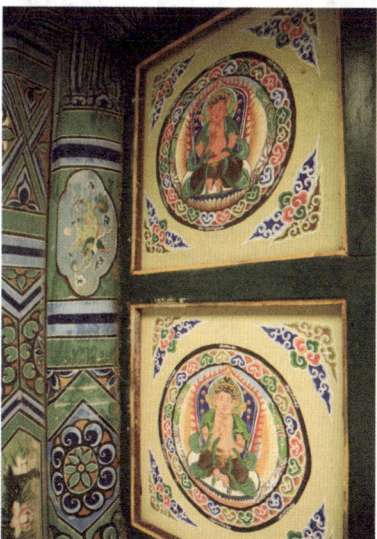
图274-1 包头

图274-2 顶绘

图274-3 湖广会馆

图274-4 陶然亭

图274-5 五子夺魁

图版275.淄博陶瓷烧制技艺

图275-1 罐

图275-2 盘

图275-3 碗

图275-4 瓶

图275-5 碗

图275-8 瓶

图275-6 罐

图275-9 婴戏

图275-7 碗

图275-10 罐

图275-11 瓶

图275-14 黑陶窑熏黑

图275-12 瓶

图275-15 龙山标志鸟形陶鬶

图275-13 瓶

图275-16 枕

图版276. 土布制作技艺

图276-1 土布制作技艺

图版277. 楚式漆器

图277-1 楚漆器

图版278. 吴裕泰茉莉花茶

图278-1 浮雕

图278-2 吴裕泰茉莉花茶

图278-3 门楼

图278-4 牌匾

图278-5 茶壶

图278-6 张一元

图版279. 五大连池药泉会

图279-1 五大连池药泉

图279-2 五大连池药泉

图279-4 五大连池药泉

图279-3 五大连池药泉

图版280. 南孔

图280-1 孔子塑像

图280-3 美德

图280-2 孔庙

图280-4 衢州城

图版281. 波罗诞

图281-1 南海神庙

图281-2 海不扬波

图281-3 御碑"万里波澄"

第四章　非物质文化遗产的民事保护

第一节　非物质文化遗产民事保护的争议

　　非物质文化遗产要不要民事保护？对此颇有争议。反对的观点认为：非物质文化遗产称遗产，即早已进入公有领域，它是蓝天白云，谈不上民事保护。非物质文化遗产保护法是保护非物质文化遗产的行政法，不能规定非物质文化遗产的民事保护。

　　著者多年来呼吁非物质文化遗产民事保护。非物质文化遗产的保护包括民事保护和行政保护。众人对于行政保护没有争议。《著作权法概要》一书就曾写道："民间文学艺术作品可由行政法保护，制定专门条例"。除行政保护外，民事保护更是源泉性保护。《著作权法》第6条规定："民间文学艺术作品的著作权保护办法由国务院另行规定。"这就是非物质文化遗产民事保护的法条。1991年，著者在著作权法概要中全面阐述了民间文学艺术作品的民事保护。2002年草拟中华人民共和国民法（草案）时，著者提出将民间传统文化作为一项独立权利写在知识产权法篇中。非物质文化遗产保护法是保护非物质文化遗产的基本法，不仅规定非物质文化遗产的行政保护，也应规定其民事保护。在非物质文化遗产保护法制定中，著者依然呼吁制定非物质文化遗产民事保护的法条。2004年撰写了"民间传统文化的民事保护"一文：

民间传统文化的民事保护

制定民间传统文化保护法很有必要。这部法首先应当规定民间传统文化的民法保护，民间传统文化的民事权利问题解决后，才宜再谈行政保护。民间传统文化的民事保护主要有以下几点：

一、民间传统文化权是一项新的民事权利

在以往的民事权利中没有民间传统文化权。20世纪60年代后，一些发展中国家率先保护民间传统文化以对抗发达国家高科技产品的贸易输入。之后联合国教科文组织和世界知识产权组制定了《保护民间文学表达形式，防止不正当利用及其他侵害行为的国内示范法条》。人们认识文化的多样性是人类文明发展的需求，要像保护野生动物、维护生物多样化那样保护民间文学艺术。因此，民间传统文化在知识产权中逐步形成一项新兴的民事权利。这种权利不是著作权，不与著作权权利本身交叉，作品在著作权存续期间，不发生民间传统文化权问题，民间传统文化权是一种独立的民事权利。民间传统文化保护法可规定民间传统文化权受法律保护，确立民间传统文化权。

二、民间传统文化的范畴

民间传统文化的范围可参照保护民间文学表达形式，防止不正当利用及其他侵害行为的国内示范法条的规定。我国各族人民千百年来创作、保存和沿用的语言、文字、音乐、舞蹈、戏剧（剧种剧目）、曲艺、杂技、体育、武术、游戏、服饰、建筑形式、医药、工艺、美术、生态习俗、节日庆典等都属于民间传统文化。

民事中的民间传统文化不宜只强调"珍贵、濒危、历史价值"，凡正当、有益的均享有民间传统文化权，受民间传统保护法保护。

三、民间传统文化的权利主体

民间传统文化的权利人，是创作、保存、使用该民间传统文化的社会群体，该群体可以是一个民族、一个地区、一个村落。有关机关可以是民间传统文化权人的代表人。

四、民间传统文化的传承人受法律保护

五、在传统和习惯范围内使用民间传统文化，不经许可不支付报酬。在传统和习惯范围内外使用民间传统文化，需经许可和付酬，或不经许可但需付酬，或者不经许可不付酬但需注明权利人

六、民间传统文化权的行使人

民间传统文化权可以由民间传统文化权人行使，也可以由为代表权人的有关机关行使。

七、民间传统文化权不能转让，可以授权使用

八、民间传统文化权永久受法律保护

2004年4月6日

2005年参加苏州非物质文化遗产立法会议后，撰写了《民间传统文化的民事保护》简报：

法工民字（2005）

民间传统文化的民事保护

法制工作委员会民法室

2005年8月1日

2005年7月5日至8日，文化部和江苏省人民政府举办了"中国非物质文化遗产保护·苏州论坛"。文化部孙家正部长做了主题报告，全国人大教科文卫委员会文化室朱兵主任做了"我国非物质文化遗产保护的立法：背景、问题与思路"的发言，三百多名代表参加了讨论。

在非物质文化遗产保护的法律机制议题中，一些代表主张用行政手段保护民间传统文化，在非物质文化遗产保护法中不写入民事保护。文化部政法司王鹤云等代表主张民事保护应与行政保护并行，非物质文化遗产保护的法律机制要"双支撑"。非物质文化遗产保护法首先应当规定民间传统文化的民法保护，民间传统文化的民事权利问题解决了，才宜再谈行政保护。与会代表对民间传统文化的行政保护没有争议，故本简报仅介绍民间传统文化民事保护的要点。

一、民间传统文化权是一项新的民事权利

在以往的民事权利中没有民间传统文化权这一项。20世纪60年代后，一些发展中国家率先保护民间传统文化以对抗发达国家高科技产品的贸易输入。之后联合国教科文组织和世界知识产权组制定了《保护民间文学表达形式，防止不正当利用及其他侵害行为的国内示范法条》。人们认识文化的多样性是人类文明发展的需求，要像保护野生动物、维护生物多样化那样保护民间文学艺术。因此，民间传统文化在知识产权中逐步形成一项新兴的民事权利。我国已加入《保护非物质文化遗产公约》，非物质文化遗产保护法应规定民间传统文化权受法律保护。只有确立民间传统文化权是一种独立的民事权利，方可在国际贸易中以民间传统文化作品抗衡发达国家的高科技产品。

二、民间传统文化的范畴

非物质文化遗产也称民间传统文化，其范围可参照《保护民间文学表达形式，防止不正当利用及其他侵害行为的国内示范法条》和《保护非物质文化遗产公约》的规定。我国各族人民千百年来创作、保存和沿用的语言、文字、音乐、舞蹈、戏剧（剧种剧目）、曲艺、杂技、体育、武术、游戏、服饰、建筑形式、医药、工艺、美术、生态习俗、节日庆典等都属于民间传统文化。

民事中的民间传统文化不宜只强调"珍贵、濒危、历史价值"，凡正当、有益的均享有民间传统文化权，受民法保护。

三、民间传统文化的权利主体

民间传统文化的权利人，是创作、保存、使用该民间传统文化的社会群体，该群体可以是一个民族、一个地区、一个村落。有关机关可以是民间传统文化权人的代表人。

民间传统文化权可以由民间传统文化权人行使，也可以由作为代表权人的有关机关行使。

四、民间传统文化权的内容

民间传统文化权包括人身和财产两方面的内容。

民间传统文化权中的人身权利主要是属名权、修改权。

民间传统文化权中的财产权利是许可和获酬。民间传统文化在特定范围已进入公有领域，因此在传统和习惯范围内使用民间传统文化不经许可不支付报酬。在传统和习惯范围内外使用民间传统文化，需经许可和付酬，或不经许可但需付酬，或者不经许可不付酬但需注明权利人。

民间传统文化权的行使可像保护音乐作品著作权那样循序渐进，但前提是承认民间传统文化权，这样才能为《乌苏里船歌》等案提供依据。

五、民间传统文化权的传承人

民间传统文化的传承人受法律保护。传承人的技术秘密应当得到民事保护。传承人和其他民间传统文化的表演者，受邻接权保护。

六、民间传统文化权不能转让，可以授权使用

七、民间传统文化权不羁于时效，永久受法律保护

2005年7月12日

2007年、2008年在国务院法制办教科文卫司草拟非物质文化遗产保护法的会上，著者也力主非物质文化遗产的民事保护。经众人的努力，国务院提请全国人大常委会审议的《中华人民共和国非物质文化遗产保护法（草案）》和全国人大常委会通过的《中华人民共和国非物质文化遗产法》，终于涉及了非物质文化遗产民事保护的点滴条款，这也为日后非物质文化遗产的民事保护奠定了基石。

第二节　非物质文化遗产权

一、非物质文化遗产权是一项新的民事权利

前述文章已提出非物质文化遗产权是一项新的民事权利。权

利是法律赋予的，非物质文化遗产自古存在，现代社会对其给予法律保护后，形成了非物质文化遗产权。

非物质文化遗产权是一项独立的民事权利，其属于民事权利中的知识产权范畴。非物质文化遗产权不从属著作权，是与著作权并行的一项知识产权。

非物质文化遗产权受尊重。

二、非物质文化遗产的权利主体

非物质文化遗产权的主体是非物质文化遗产的权利人。非物质文化遗产的权利主体，是创作、保存、使用该非物质文化遗产的社会群体。非物质文化遗产的民事保护，首要任务是确定非物质文化遗产权利主体，非物质文化遗产归谁所有。非物质文化遗产的形态不同归属也不同，权利主体呈多个，非物质文化遗产归属的多种形态使非物质文化遗产权利主体多元化，国家、民族、省市、乡镇、家族都可以成为非物质文化遗产的权利人。非物质文化遗产权利主体的多元化直接冲击民事主体两个（公民、法人）、三个（自然人、法人、非法人团体）学说，引发民事主体多元化。

（一）国家

众多非物质文化遗产是我国各族人民共同创造的，国家即是这些非物质文化遗产的权利人。汉族是我国的主体民族，汉族人民创造了许多非物质文化遗产，其权利也属于国家，例如汉语、汉字、春节、端午节、针灸、书法、篆刻、剪纸、活字印刷术、京剧、古琴。

（二）民族

传承非物质文化遗产的各少数民族是其所传承的这项非物质文化遗产的权利主体。例如，维吾尔族是新疆维吾尔木卡姆艺术、麦西热甫的权利主体，蒙古族是呼麦的权利主体，侗族是侗族大歌的权利主体，藏族是藏戏的权利主体，壮族是壮医药的权利主体，彝族是彝医药的权利主体，羌族是羌年的权利主体，傣族是泼水节的权利主体，纳西族是纳西图画象形文字的权利主体，纳西族摩梭人是摩梭走婚习俗的权利主体。

（三）省市乡镇

一个地区特有的非物质文化遗产，该区域行政区划的省市乡镇是这项非物质文化遗产的权利主体。例如，西安是西安鼓乐的权利主体，朱仙镇是朱仙镇木版年画的权利主体。

（四）家族

某些传统手工技艺的非物质文化遗产，由家族代代相传，这个家族即是该非物质文化遗产的权利主体。

三、非物质文化遗产权的客体

非物质文化遗产权的客体是非物质文化遗产，前专章阐述了非物质文化遗产。

四、非物质文化遗产权的内容

非物质文化遗产权包括人身和财产两方面的内容。

（一）人身权利

非物质文化遗产权中的人身权利主要是属名权、演绎权。

1. 属名权

非物质文化遗产权利主体享有属名权，享有确认自己是该项非物质文化遗产权利人的权利。例如，地戏是贵州安顺屯堡的非物质文化遗产。明朝洪武年制进军西南，灭元后就地屯兵，之后屯堡人发明并保留了地戏。然某电影将地戏《千里走单骑》演绎成云南丽江的表演，屯堡人状至京城法院将该电影制片者告上法庭。

2. 演绎权

非物质文化遗产不是一成不变的，它需要传承发展。非物质文化遗产权利人对非物质文化遗产享有演绎权，也可在传承中又有所创新，丰富该非物质文化遗产的内容，促其发展。例如，今人在针灸中运用古经络，创出长针，医治中风等疾病取得良好疗效，同时完善了针灸针具。

（二）财产权利

1. 总述

财产权利有多种形态，占有、使用、收益、处分是常态。非物质文化遗产是无体财产，无占有。使用包括自己使用和许可他人使用。非物质文化遗产权利人自己使用毫无疑义。由于非物质文化遗产多进入公有领域，故许可他人使用权，他人可以自由使用非物质文化遗产。只是在他人于传统和习惯之外特定范围内使用非物质文化遗产的情况下，法律赋予非物质文化遗产权利人许可权。收益类同使用。非物质文化遗产权利人自己使用非物质文化遗产，享有获得收益的权利。也是基于非物质文化遗产多进入公有领域，他人在常态下使用非物质文化遗产，非物质文化遗产权利人不享有收益权。在他人于传统和习惯之外特定范围内使用非物质文化遗产的情况下，法律赋予非物质文化遗产权利人收益权。处分，指非物质文化遗产权利人放弃非物质文化遗产，任其自生自灭，或者决定停止这项非物质文化遗产。处分权不包括转让，非物质文化遗产权利人对非物质文化遗产无转让权，不能将非物质文化遗产卖给他人。

2. 使用权

非物质文化遗产权利人对其非物质文化遗产享有使用权，有权任意使用。非物质文化遗产权利人对非物质文化遗产无处分权，不能转让非物质文化遗产。他人在传统和习惯之外特定范围内使用非物质文化遗产，非物质文化遗产权利人享有使用许可权。

非物质文化遗产已传承千年百载，许多已进入公有领域，在传统和习惯之内可以任意使用，不经许可不支付报酬不注明出处。例如信天游，谁都可以唱。杨家将的故事，谁都可以说。清明节谁都可以过。非物质文化遗产权利人对此无专有权，不能阻挡他人对非物质文化遗产的使用。

非物质文化遗产的文化元素更是社会的共同财富，他人可以自由使用。例如，外国人学习中文汉语颇受欢迎，其中加拿大人大山表演的中国相声更受国人喜爱。又如，王洛宾运用维吾尔族音乐元素创作新疆民歌，《达坂城的姑娘》等久唱不衰。

《非物质文化遗产》法第44条规定："使用非物质文化遗产涉及知识产权的，适用有关法律、行政法规的规定。对传统医药、传统工艺美术等的保护，其他法律、行政法规另有规定的，依照其规定。"他人在知识产权领域使用非物质文化遗产，应当注明出处，遵循相关法律法规的规定，并不得侵害非物质文化遗产权利人的在先权。

他人演绎非物质文化遗产的文学艺术作品，应当注明出处，并不得侵害非物质文化遗产权利人的在先权。他人根据非物质文化遗产作品演绎新的作品，法律或者习惯需要注明出处的，演绎人应当标明该非物质文化遗产权利人或者该非物质文化遗产名称。例如我国第一起非物质文化遗产案。《乌苏里江船歌》历来都标明根据赫哲族民歌改编。郭颂在广西桂林演唱这首歌时称《乌苏里江船歌》是自己创作的，并非根据赫哲族民歌改编，电视台主持人也照此学舌。赫哲族四排乡将郭颂的行为诉诸法律，北京市第二中级人民法院确认《乌苏里江船歌》根据赫哲族民歌改编，四排乡胜诉。国家法官学院将此案录制判例，特约郑成思与著者在片中做专家点评。

他人将非物质文化遗产的图案、造形等在商标上使用，或者构成商标的组成部分，或者对非物质文化遗产的图案、造形等加以改进用于商标，不得侵害非物质文化遗产权利人的在先权。其申请商标注册，应当注明出处，遵守商标法的规定，并不得侵害非物质文化遗产权利人的在先权。

他人将非物质文化遗产的图案、造形等用于产品外观设计，或者构成产品外观设计的组成部分，或者对非物质文化遗产的图案、造形等加以改进用于产品外观设计，申请外观设计专利的，应当注明出处，遵守专利法的规定，并不得侵害非物质文化遗产权利人的在先权。

他人对非物质文化遗产技艺加以改进，创出新的实用技术，申请实用新型专利的，应当注明出处，遵守专利法的规定，并不得侵害非物质文化遗产权利人的在先权。

他人在非物质文化遗产技艺基础上创新，发明新技术，申请发明专利的，应当注明出处，遵守专利法的规定，并不得侵害非物质文化遗产权利人的在先权。

3. 收益权

收益权俗称获酬权，指非物质文化遗产权利人自己使用非物质文化遗产获取收益，或者他人使用获得报酬。收益在非物质文化遗产使用中是少见的。由于非物质文化遗产多归属于国家、民族、行政区域，因此非物质文化遗产权利人很少自己直接使用非物质文化遗产获取收益。传承人使用非物质文化遗产获酬，非本项收益权。但也有非物质文化遗产权利人自己直接使用非物质文化遗产获取收益的情形，特别是村镇等小区划的非物质文化遗产权利人及家族的非物质文化遗产权利人，存在直接使用非物质文化遗产获酬的情形，体现收益权。

他人在传统和习惯之外使用非物质文化遗产，非物质文化遗产权利人在特定范围内享有获得报酬的权利。他人在传统和习惯之外特定范围内使用非物质文化遗产，或需经许可和付酬，或不经许可但需付酬，或者不经许可不付酬但需注明出处，非物质文化遗产权利人依法享有特定的权利。这种特定情形虽不多见，但其权利存在，有益于非物质文化遗产保护。例如，某国一企业将花木兰拍成动画片在外国营利播放，其应当取得花木兰传说权利人的许可，并支付报酬。

4. 处分权

物质文化遗产权利人对其非物质文化遗产享有处分权。任何事物都有一个产生、发展、消亡的过程，非物质文化遗产也不例外。随着城市化的快速扩展，许多非物质文化遗产备受市场浪潮的冲击，濒临灭绝。有些已被现代化淘汰，如锔锅锔碗技艺，谁还干这个，凭这项手艺吃饭？瓷碗摔碎就扔掉，瓷器需要修补，用502、哥俩好一粘就行了，比锔省事还美观。非物质文化遗产的这种自然消灭，是物质文化遗产权利人对该项非物质文化遗产的处分。（图版282）

处分权除自然的被动放弃外，还包括主动地停止该项非物质文化遗产。例如，斗牛是西班牙的非物质文化遗产，它惊险、刺激，胜利的斗牛士备受瞩目。而今随着对人和动物保护，许多西班牙人采取在斗牛场外静坐等一系列方式呼吁废止斗牛，终使国家做出禁止斗牛的决定。斗牛成为历史，西班牙的这项非物质文化遗产灭绝。又如，如果某国民众认为人妖有悖人性，是对男子的摧残，从而取缔这一行当，也谓对人妖习俗的处分。（图版283）

处分权不包括转让，非物质文化遗产权利人对非物质文化遗产无转让权，不能将非物质文化遗产卖与他人。

5. 完整性权

非物质文化遗产不受侵犯，非物质文化遗产权利人享有保护非物质文化遗产完整性的权利。

《非物质文化遗产法》第5条规定："使用非物质文化遗产，应当尊重其形式和内涵。禁止以歪曲、贬损等方式使用非物质文化遗产。"非物质文化遗产都有特定名称，如安塞腰鼓、南孔祭典、宣威火腿制作技艺。相关非物质文化遗产名称的权利属于该非物质文化遗产权利人。他人不得篡改非物质文化遗产的名称。他人使用非物质文化遗产应当注明出处时，注明非物质文化遗产名称是注明出处的基本要求。他人使用非物质文化遗产，应当尊重非物质文化遗产的形式和内涵，不得以歪曲、贬损等方式使用非物质文化遗产。他人歪曲、贬低、损害非物质文化遗产，非物质文化遗产权利人有权加以制止，保护非物质文化遗产的完整性。例如，某国表演魏蜀吴三国故事，在诸葛亮到江东联孙抗曹中，胡编了一段诸葛亮与小乔暧昧情，这是不允许的。

五、非物质文化遗产权的行使

非物质文化遗产权由非物质文化遗产权利人行使。权利人都有自己的代表，非物质文化遗产权利人的代表人行使非物质文化遗产权。国务院代表国家行使国家的非物质文化遗产权，民族自治地方的人民政府代表民族行使该民族的非物质文化遗产权，省市县乡人民政府代表当地行使本地的非物质文化遗产权，村民自治组织代表村行使本村的非物质文化遗产权，家族推举的代表人代表家族行使本家族的非物质文化遗产权。

六、非物质文化遗产权的时效性

非物质文化遗产天长地久，非物质文化遗产权不羁于时效，永久受法律保护。

第三节　非物质文化遗产民事保护的多种形态与民事责任

对非物质文化遗产的保护，从不同角度衍生出多种提法。从主体上，有国家保护、团体保护、个人保护等。从法律上，有民事保护、行政保护、刑事保护。这其中也有内容的交叉。在民事保护中，由于非物质文化遗产种类繁多，因此非物质文化遗产的民事保护呈多种形态。

一、非物质文化遗产权的确权保护

非物质文化遗产源远流长，加之之前无非物质文化遗产一词，有此词后又竭力争发祥地，故非物质文化遗产确认亦非件易事。我国历史上争名人故地也不乏其例。譬如，诸葛亮躬耕南阳,佳话隆中对。隆中在何处?湖北人说在襄樊,河南人说在南阳。著者依水镜先生传说,倾襄樊说。还是那句话,管他是襄阳还是南阳。(图版284)

非物质文化遗产权利人对其非物质文化遗产享有确认权利的权利。非物质文化遗产权的确权,非物质文化遗产权利人可通过申报非物质文化遗产代表性项目名录进行。对非物质文化遗产归属发生争议,非物质文化遗产权利人通过行政确权解决,也可以诉诸法律。对非物质文化遗产代表性项目名录有异议,可以申请行政复议或者行政诉讼,请求确权保护。

二、对非物质文化遗产权利人署名权、演绎权的保护

非物质文化遗产权利人的人身权利主要由民法通则人身权调整,保护非物质文化遗产权利人的署名权、演绎权。他人侵害非物质文化遗产权利人的署名权、演绎权,应当承担停止侵害、消除影响、赔礼道歉、精神赔偿等民事责任。

三、对非物质文化遗产技术秘密的保护

许多非物质文化遗产虽是公有领域的东西,但掌握其要领离不开勤学。除此之外,一些非物质文化遗产,特别是技艺型非物质文化遗产,往往有技术秘密。例如,全聚德的挂炉烤鸭、便宜坊的闷炉烤鸭,都有其技术秘密。非物质文化遗产的技术秘密由反不正当竞争法调整。违反竞争法规定,窃取传承人技术诀窍的,承担不正当竞争责任。

四、对非物质文化遗产代表性传承人的保护

非物质文化遗产代表性传承人虽不是非物质文化遗产的权利主体,但他乃非物质文化遗产传承的佼佼者,为非物质文化遗产的传播与承继具有不可估量的作用。

非物质文化遗产代表性传承人受法律保护。非物质文化遗产

代表性传承人的认定，政府的经费资助，是行政保护。非物质文化遗产代表性传承人的技术秘密应当得到民事保护。非物质文化遗产代表性传承人制作的非物质文化遗产产品，受物权保护。非物质文化遗产代表性传承人运用非物质文化遗产向他人提供服务，受债权保护。非物质文化遗产代表性传承人传承非物质文化遗产的表演，受邻接权保护。

五、对注明出处的保护

非物质文化遗产和非物质文化遗产权人受尊重。他人使用、演绎非物质文化遗产，法律或者习惯需要注明出处的，使用人、演绎人应当注明非物质文化遗产权利人、非物质文化遗产的名称。使用人、演绎人未注明出处的，非物质文化遗产权利人有权请求其注明出处。

六、对非物质文化遗产权利人收益权的保护

他人在传统和习惯之外的特定范围内使用非物质文化遗产，需经许可和付酬，或不经许可但需付酬。使用人违反规定，不经许可、不付酬的，非物质文化遗产权利人有权请求其支付报酬，必要时责其停止使用。

七、对非物质文化遗产完整性权的保护

非物质文化遗产的完整性受尊重。使用人不尊重非物质文化遗产，篡改非物质文化遗产的名称，歪曲、贬损非物质文化遗产的形式和内涵，破坏非物质文化遗产的完整性，应当承担停止侵害、停止使用、消除影响、赔礼道歉、精神赔偿等民事责任。

八、对非物质文化遗产实物和场所的保护

非物质文化遗产多为无体物、有体物两部组合。《非物质文化遗产法》第2条中规定："本法所称非物质文化遗产，是指各

族人民世代相传并视为其文化遗产组成部分的各种传统文化表现形式，以及与传统文化表现形式相关的实物和场所。""各族人民世代相传并视为其文化遗产组成部分的各种传统文化表现形式"，是非物质文化遗产的无体部分，为无体物部。"与传统文化表现形式相关的实物和场所"，是非物质文化遗产的有体部分，为有体物部。无体物部归知识产权调整，有体物部由知识产权和物权双重调整。侵犯非物质文化遗产的实物和场所，破坏非物质文化遗产完整性的，应当承担停止侵害、消除危险、恢复原状、赔偿损失等民事责任。

《非物质文化遗产法》第2条第2款规定："属于非物质文化遗产组成部分的实物和场所，凡属文物的，适用《中华人民共和国文物保护法》的有关规定。"属于非物质文化遗产组成部分的实物和场所，不属文物的，适用《中华人民共和国非物质文化遗产法》和《中华人民共和国物权法》的有关规定。属于文物的，适用《中华人民共和国文物保护法》和《中华人民共和国非物质文化遗产法》、《中华人民共和国物权法》的有关规定。

九、对非物质文化遗产文化生态保护区的保护

非物质文化遗产文化生态保护区，是对非物质文化遗产实行区域性整体保护的特区。在非物质文化遗产代表性项目集中、特色鲜明、形式和内涵保持完整的特定区域建立非物质文化遗产文化生态保护区，是保护非物质文化遗产的良好机制。例如，在四川云南的泸沽湖畔建立摩梭母系婚姻家庭文化生态保护区，有益存留人类婚姻史上的这块活化石。又如，我国有漫长的海岸线，蕴藏着丰厚的海洋文化，可选择非物质文化遗产生态良好的区域设立海洋渔文化生态保护区（图版285）。2007~2010年，我国相继设立了闽南文化、徽州文化、热贡文化、羌族文化、客家文化（梅州）（图版286）、武陵山区（湘西）土家族苗族文化、海洋渔文化（象山）、晋中文化（图版287）、潍水文化（图

288）、迪庆文化十个国家级文化生态保护实验区。非物质文化遗产文化生态保护区受法律保护。侵犯保护区，破坏其文化生态，依照非物质文化遗产法和物权法追究侵权人的民事责任。

十、对传统医药、传统工艺美术类非物质文化遗产的特别保护

《非物质文化遗产法》第44条第2款规定："对传统医药、传统工艺美术等的保护，其他法律、行政法规另有规定的，依照其规定。" 对传统医药、传统工艺美术类非物质文化遗产实施多重保护。其他法律、行政法规对传统医药、传统工艺美术类非物质文化遗产有特别规定的，优先适用。侵犯传统医药、传统工艺美术类非物质文化遗产，适用非物质文化遗产法和其他法律、行政法规特别规定，追究侵权人责任。

图版282. 锔

图282-1

图282-2 锔

图版283. 斗牛

图283-1 斗牛

图版284. 诸葛亮

图284-1 诸葛亮像

图284-2 武侯祠

图284-3 托孤

图284-4 三国演义

图284-5 牌坊

图版285. 海洋渔文化

图285-1 鱼纹

图285-3 珠海

图285-2 海不扬波

图285-4 威海

图285-5 鱼化石

图版286. 客家文化

图286-1 古镇

图286-4 珠玑古镇

图286-2 古镇

图286-5 珠玑门

图286-3 当

图286-6 珠玑人南下

图版287. 晋中文化

图287-1 城楼

图287-2 影壁

图287-3 府第

图287-4 府第

图287-5 抱腹寺

图287-6 辈辈侯

图287-7 皇城相府

图287-8 皇城相府·可园

图287-9 皇城相府·鸟

图287-10 介休

图287-11 介子推

图287-12 绵山

图287-13 王家大院

图287-14 五子登科

图287-15 皇城相府·可园

图版288. 潍水文化

图288-1 园林

图288-2 塑像

图288-3 房脊

图288-4 古镇

图288-5 今日无税

图288-6 金园

图288-7 胜园

图288-8 十笏园

图288-9 唐佛像

第五章 非物质文化遗产法的行政保护

第一节 非物质文化遗产行政保护总体要求

我国具有数千年文明史，中华民族开创保有的非物质文化遗产积淀厚重，资源富饶，存量巨浩。为弘扬这份珍贵遗产，国家从立法、行政、司法等方面对非物质文化遗产实施保护，特别重在行政保护。国家对非物质文化遗产采取认定、记录、建档等措施予以保存，对体现中华民族优秀传统文化，具有历史、文学、艺术、科学价值的非物质文化遗产采取传承、传播等措施予以保护。保护非物质文化遗产，应当注重其真实性、整体性和传承性，有利于增强中华民族的文化认同，有利于维护国家统一和民族团结，有利于促进社会和谐可持续发展。

国务院文化主管部门负责全国非物质文化遗产的保护、保存工作，县级以上地方人民政府文化主管部门负责本行政区域内非物质文化遗产的保护、保存工作。县级以上人民政府其他有关部门在各自职责范围内，负责有关非物质文化遗产的保护、保存工作。县级以上人民政府应当将非物质文化遗产保护、保存工作纳入本级国民经济和社会发展规划，并将保护、保存经费列入本级财政预算。国家扶持民族地区、边远地区、贫困地区的非物质文化遗产保护、保存工作。

县级以上人民政府应当加强对非物质文化遗产保护工作的宣传，提高全社会保护非物质文化遗产的意识。国家鼓励和支持公民、法人和其他组织参与非物质文化遗产保护工作。对在非物质文化遗产保护工作中作出显著贡献的组织和个人，按照国家有关规定予以表彰、奖励。

第二节　非物质文化遗产调查

保护非物质文化遗产，首先要弄清非物质文化遗产有哪些。想弄清非物质文化遗产有哪些，就需要非物质文化遗产的调查。2005年6月，文化部部署了全国非物质文化遗产普查工作，到2009年完成。据普查统计，这次收集非物质文化遗产珍贵实物和资料29万件，普查的文字记录20亿字，并认定和抢救了一批濒危的非物质文化遗产项目。

县级以上人民政府根据非物质文化遗产保护、保存工作需要，组织非物质文化遗产调查。非物质文化遗产调查由文化主管部门负责进行。县级以上人民政府其他有关部门可以对其工作领域内的非物质文化遗产进行调查。文化主管部门和其他有关部门进行非物质文化遗产调查，应当对非物质文化遗产予以认定、记录、建档，建立健全调查信息共享机制。文化主管部门和其他有关部门进行非物质文化遗产调查，应当收集属于非物质文化遗产组成部分的代表性实物，整理调查工作中取得的资料，并妥善保存，防止损毁、流失。其他有关部门取得的实物图片、资料复制件，应当汇交给同级文化主管部门。文化主管部门应当全面了解非物质文化遗产有关情况，建立非物质文化遗产档案及相关数据库。除依法应当保密的外，非物质文化遗产档案及相关数据信息应当公开，便于公众查阅。

公民、法人和其他组织可以依法进行非物质文化遗产调查。境外组织或者个人在中华人民共和国境内进行非物质文化遗产调查，应当报经省、自治区、直辖市人民政府文化主管部门批准；

调查在两个以上省、自治区、直辖市行政区域进行的，应当报经国务院文化主管部门批准；调查结束后，应当向批准调查的文化主管部门提交调查报告和调查中取得的实物图片、资料复制件。境外组织在中华人民共和国境内进行非物质文化遗产调查，应当与境内非物质文化遗产学术研究机构合作进行。进行非物质文化遗产调查，应当征得调查对象的同意，尊重其风俗习惯，不得损害其合法权益。

对通过调查或者其他途径发现的濒临消失的非物质文化遗产项目，县级人民政府文化主管部门应当立即予以记录并收集有关实物，或者采取其他抢救性保存措施；对需要传承的，应当采取有效措施支持传承。

第三节　非物质文化遗产代表性项目名录

建立非物质文化遗产名录，可以使人们知道哪些是非物质文化遗产，并使这些非物质文化遗产得以切实保护。

国务院建立国家级非物质文化遗产代表性项目名录，将体现中华民族优秀传统文化，具有重大历史、文学、艺术、科学价值的非物质文化遗产项目列入名录予以保护。省、自治区、直辖市人民政府建立地方非物质文化遗产代表性项目名录，将本行政区域内体现中华民族优秀传统文化，具有历史、文学、艺术、科学价值的非物质文化遗产项目列入名录予以保护。建立地方非物质文化遗产代表性项目名录的办法，由省、自治区、直辖市参照非物质文化遗产法有关规定制定。

省、自治区、直辖市人民政府可以从本省、自治区、直辖市非物质文化遗产代表性项目名录中向国务院文化主管部门推荐列入国家级非物质文化遗产代表性项目名录的项目。推荐时应当提交下列材料：（1）项目介绍，包括项目的名称、历史、现状和价值；（2）传承情况介绍，包括传承范围、传承谱系、传承人的技艺水平、传承活动的社会影响；（3）保护要求，包括保护应当达到的目标和应当采取的措施、步骤、管理制度；（4）有助于说明项目的视听资料等材料。公民、法人和其他组织认为某项非物质文化遗产体现中华民族优秀传统文化，具有重大历史、文学、艺术、科学价值的，可以向省、自治区、直辖市人民政府或者国务院文化主管部门提出列入国家级非物质文化遗产代表性项目名录的建议。

国务院文化主管部门应当组织专家评审小组和专家评审委员会，对推荐或者建议列入国家级非物质文化遗产代表性项目名录的非物质文化遗产项目进行初评和审议。初评意见应当经专家评审小组成员过半数通过。专家评审委员会对初评意见进行审议，提出审议意见。评审工作应当遵循公开、公平、公正的原则。国务院文化主管部门应当将拟列入国家级非物质文化遗产代表性项目名录的项目予以公示，征求公众意见。公示时间不得少于二十日。国务院文化主管部门根据专家评审委员会的审议意见和公示结果，拟订国家级非物质文化遗产代表性项目名录，报国务院批准、公布。相同的非物质文化遗产项目，其形式和内涵在两个以上地区均保持完整的，可以同时列入国家级非物质文化遗产代表性项目名录。

国务院文化主管部门应当组织制定保护规划，对国家级非物质文化遗产代表性项目予以保护。省、自治区、直辖市人民政府文化主管部门应当组织制定保护规划，对本级人民政府批准公布的地方非物质文化遗产代表性项目予以保护。制定非物质文化遗产代表性项目保护规划，应当对濒临消失的非物质文化遗产代表性项目予以重点保护。

对非物质文化遗产代表性项目集中、特色鲜明、形式和内涵保持完整的特定区域，当地文化主管部门可以制定专项保护规划，报经本级人民政府批准后，实行区域性整体保护。确定对非物质文化遗产实行区域性整体保护，应当尊重当地居民的意愿，并保护属于非物质文化遗产组成部分的实物和场所，避免遭受破坏。实行区域性整体保护涉及非物质文化遗产集中地村镇或者街区空间规划的，应当由当地城乡规划主管部门依据相关法规制定专项保护规划。

国务院文化主管部门和省、自治区、直辖市人民政府文化主管部门应当对非物质文化遗产代表性项目保护规划的实施情况进行监督检查，发现保护规划未能有效实施的，应当及时纠正、处理。

第四节　非物质文化遗产传承与传播

国家鼓励和支持开展非物质文化遗产代表性项目的传承、传播。国家鼓励开展与非物质文化遗产有关的科学技术研究和非物质文化遗产保护、保存方法研究，鼓励开展非物质文化遗产的记录和非物质文化遗产代表性项目的整理、出版等活动。

国务院文化主管部门和省、自治区、直辖市人民政府文化主管部门对本级人民政府批准公布的非物质文化遗产代表性项目，可以认定代表性传承人。非物质文化遗产代表性项目的代表性传承人应当符合下列条件：（1）熟练掌握其传承的非物质文化遗产；（2）在特定领域内具有代表性，并在一定区域内具有较大影响；（3）积极开展传承活动。认定非物质文化遗产代表性项目的代表性传承人，应当参照执行本法有关非物质文化遗产代表性项目评审的规定，并将所认定的代表性传承人名单予以公布。

县级以上人民政府文化主管部门根据需要，采取下列措施，支持非物质文化遗产代表性项目的代表性传承人开展传承、传播活动：（1）提供必要的传承场所；（2）提供必要的经费资助其开展授徒、传艺、交流等活动；（3）支持其参与社会公益性活动；（4）支持其开展传承、传播活动的其他措施。

非物质文化遗产代表性项目的代表性传承人应当履行下列义务：（1）开展传承活动，培养后继人才；（2）妥善保存相关的实物、资料；（3）配合文化主管部门和其他有关部门进行非物质文化遗产调查；（4）参与非物质文化遗产公益性宣传。非物质文化遗产代表性项目的代表性传承人无正当理由不履行前款规定义务的，文化主管部门可以取消其代表性传承人资格，重新认定该项目的代表性传承人；丧失传承能力的，文化主管部门可以重新认定该项目的代表性传承人。

县级以上人民政府应当结合实际情况，采取有效措施，组织文化主管部门和其他有关部门宣传、展示非物质文化遗产代表性项目。学校应当按照国务院教育主管部门的规定，开展相关的非物质文化遗产教育。新闻媒体应当开展非物质文化遗产代表性项目的宣传，普及非物质文化遗产知识。图书馆、文化馆、博物馆、科技馆等公共文化机构和非物质文化遗产学术研究机构、保护机构以及利用财政性资金举办的文艺表演团体、演出场所经营单位等，应当根据各自业务范围，开展非物质文化遗产的整理、研究、学术交流和非物质文化遗产代表性项目的宣传、展示。国家鼓励和支持公民、法人和其他组织依法设立非物质文化遗产展示场所和传承场所，展示和传承非物质文化遗产代表性项目。

国家鼓励和支持发挥非物质文化遗产资源的特殊优势，在有效保护的基础上，合理利用非物质文化遗产代表性项目开发具有地方、民族特色和市场潜力的文化产品和文化服务。开发利用非物质文化遗产代表性项目的，应当支持代表性传承人开展传承活动，保护属于该项目组成部分的实物和场所。县级以上地方人民政府应当对合理利用非物质文化遗产代表性项目的单位予以扶持。单位合理利用非物质文化遗产代表性项目的，依法享受国家规定的税收优惠。

第五节　行政责任、刑事责任

文化主管部门和其他有关部门的工作人员在非物质文化遗产

保护、保存工作中玩忽职守、滥用职权、徇私舞弊的，依法给予处分。文化主管部门及其有关部门的工作人员进行非物质文化遗产调查时侵犯调查对象风俗习惯，造成严重后果的，依法给予处分。

违反非物质文化遗产法规定，破坏属于非物质文化遗产组成部分的实物和场所，构成违反治安管理处罚条例的，依法给予治安管理处罚。

境外组织违反非物质文化遗产法第15条规定的，由文化主管部门责令改正，给予警告，没收违法所得及调查中取得的实物、资料；情节严重的，并处十万元以上五十万元以下的罚款。境外个人违反非物质文化遗产法第15条第1款规定的，由文化主管部门责令改正，给予警告，没收违法所得及调查中取得的实物、资料；情节严重的，并处一万元以上五万元以下的罚款。

违反非物质文化遗产法规定，构成犯罪的，依法追究刑事责任。

第六章 非物质文化遗产札记

本书始述1996年到云南行立法调研， 心血来潮地首次写下两篇游记。箭一离弦，只有向前。这十多年走在祖国的山山水水、边边角角，寻觅非物质文化遗产真谛，随之也陆陆续续留下几篇感受，今汇集于此。

第一节 民间传统文化的民事保护

一、《关于民间文学艺术作品》

关于民间文学艺术作品

国际上保护民间文学艺术作品是20世纪60年代以后发展起来的，一些发展中国家率先用著作权法保护民间文学艺术作品。1976年的突尼斯样板版权法规定了保护民间文学艺术作品的条款。20世纪80年代，联合国教科文组织及世界知识产权组织制定了《保护民间文学表达形式，防止不正当利用及其他侵害行为的国内法示范法条》。目前已用著作权法保护民间文学艺术作品的国家有：突尼斯、智利、摩洛哥、阿尔及利亚、塞内加尔、肯尼亚、马里、布隆迪、象牙海岸、几内亚、中国等国。玻利维亚仅保护民间音乐。

关于民间文学艺术作品的概念，《保护民间文学表达形式，防止不正当利用及其他侵害行为的国内法示范法条》第2条规定：民间文学表达形式，是指由传统艺术遗产的特有因素构成的，由××

国的某居民团体（或反映该团体的传统艺术发展的个人）所发展和保持的产品。突尼斯样板版权法为民间作品下的定义是：作者为所在国国民或少数民族社团在本国境内创作的所有文学、艺术和科学作品，它们代代相传，已成为传统文化遗产的一个重要组成部分。通过这些定义可以看出，民间文学艺术作品是一种世代相传、长期演变、没有特定作者、反映某一社会群体文学艺术特性的作品。

民间文学艺术作品具有以下特征：

第一，民间文学艺术作品是一种通过某个社会群体几代人的不断模仿而进行的非个人的、连续的、缓慢的创作活动过程的产物。例如我国的龙，由仰韶文化的鱼纹龙进到周朝的蛇纹龙，经汉、明、清，龙的造型一直发展到今日的龙，龙的创作的演变史已达几千年。（图版289）

第二，民间文学艺术作品的表现形式丰富。《保护民间文学表达形式，防止不正当利用及其他侵害行为的国内法示范法条》第2条规定，民间文学表达形式包括：（一）口头表达形式，诸如民间故事、民间诗歌及民间谜语；（二）音乐表达形式，诸如民歌及器乐；（三）活动表达形式，诸如民间舞蹈，民间游戏，民间艺术形式或民间宗教仪式；（四）有形的表达形式，诸如：（1）民间艺术品，尤其是笔画、彩画、雕刻、雕塑、陶器、拼花（拼图）、木制品、金属器皿、珠宝饰物、编织、刺绣、纺织品、地毯、服装式样；（2）乐器；（3）建筑艺术形式。在我国，民间文学艺术作品表现形式有文字、口述、音乐、戏剧、舞蹈、美术等。生活习惯、传统礼仪、宗教信仰、科学观点不属于民间文学艺术作品。

第三，民间文学艺术作品的作者是创作该民间文学艺术作品的社会群体。这个社会群体可以是一个民族，也可以是本民族的某个村落，还可以指几个民族。民间文学艺术作品无具体的作者。表演民间文学艺术作品的某个说唱人、舞蹈人，不是民间文学艺术作品的作者。例如，青海黄南藏族自治州同仁县土族聚居的年都乎村有一种"於菟"舞。"於菟"是春秋战国时期楚人对虎的称谓，从

图版289.龙

图289-1 龙纹

图289-2 龙纹

图289-3 开封甘陕会馆浮雕二龙戏珠

图289-4 平遥九龙壁

图289-5 唐石龙首

图289-6 唐石龙尾

图289-7 螭

图289-8 龙滴水

图289-9 白龙

图289-10 罗平龙

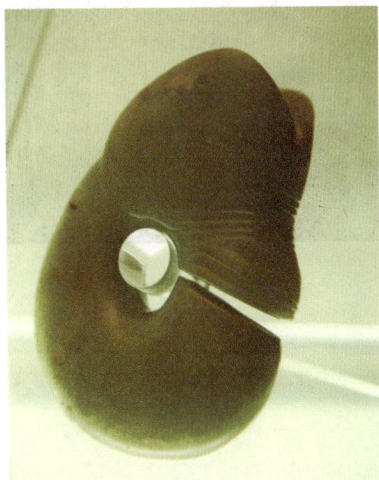

图289-11 猪纹龙

图289-12 紫龙瓶

图289-13 龙凤梁

图289-14 龙

图289-15 龙椅

"於菟"舞里可以依稀看到两千多年前楚人祭祀山神舞蹈的情形。"於菟"舞在年都乎村口教身授，代代相传，每年农历11月20日祭山神的时候，村民们都表演"於菟"舞。可以说，年都乎村视为"於菟"舞的作者，饰"於菟"的村民是"於菟"舞的表演者。

第四，民间文学艺术作品的权利属于创作、保存该民间文学艺术作品的社会群体。例如，广西宁明县的山崖上，有一组蛙状人群舞蹈的岩画，它是两千多年前祭祀舞的阵式图，而今天娥县的蚂拐舞正是岩画中舞蹈的再现。蚂拐舞作为一种舞蹈作品，它的权利属于天娥县表演蚂拐舞的村落。

第五，民间文学艺术作品权利的保护，不受时效的限制。民间文学艺术作品的修改权永远由创作、保存该作品的社会群体享有，民间文学艺术作品的财产权亦不存在保护期间。对此，突尼斯样板版权法认为，民间作品是共同创作的作品，总有尚未去世的作者存在，因此对民间作品的保护，不受时间的限制。

第六，在传统和习惯范围内使用民间文学艺术作品都属于合理使用，即使营利使用，也不需经许可，不支付报酬。如艺人演唱《格萨尔王传》，无需经许可，无需向藏民族付酬。

第七，民间文学艺术作品的权利由创作、保存该作品的社会群体行使，或者民间文学艺术作品的财产权利由当地民间文学艺术的主管部门行使。

第八，民间文学艺术作品的财产权利不能转让，但允许授权使用。

第九，在以营利为目的，并于传统和习惯之外使用民间文学艺术作品，应当取得民间文学艺术主管部门或者有关社会群体的许可。例如，突尼斯样板版权法第6条（三）规定：在国外印刷的本国民间创作作品的复制本以及在国外印制的本国民间创作的翻译本、改编本、整理本或者其他改写本的复制本，未经主管当局授权，不得进口和在国内发行。

民间文学艺术作品是否用著作权法保护，是个十分有争议的问题。

有意见认为：民间文学艺术作品是代代相传的，形式多样，还会演变，不好确定作者，不能对其实施著作权保护。倘若用著作权法保护民间文学艺术作品，会把许多已经进入公有领域的作品重新纳入专有领域，造成许多不必要的麻烦。例如，吴承恩著的《西游记》源于民间传说故事，孙悟空、猪八戒的故事可谓民间文学，若纳入著作权保护，则使用孙悟空、猪八戒的形象，就得事先取得许可，并支付报酬。又如，蜡染布是贵州地区的传统工艺品，也属民间艺术范畴，若纳入著作权保护，则生产蜡染布也需授权，支付报酬。此外，演唱陕西民歌《信天游》，说书《武松打虎》，表演安塞腰鼓，等等，若纳入著作权保护，就都要取得许可，支付报酬。这样，既行不通，也会造成大量著作权纠纷。另外，许多作品的创作均源于民间文学艺术。如电影《刘三姐》的音乐是根据广西民歌而创作的，电影《冰山上的来客》的插曲《天山上的红花》与作者在新疆采风密切相关。如果创作这些作品都要事先取得许可，并支付报酬，势必会影响文学艺术作品的创作。我国对民间文学艺术作品历来都不用著作权来保护。例如1984年文化部颁发的《图书、期刊版权保护试行条例》第10条规定："民间文学艺术和其他民间传统作品的整理本，版权归整理者所有，他人仍可对同一作品进行整理并获得版权。民间文学艺术和其他民间传统作品发表时，整理者应注明主要素材提供者，并依素材提供者的贡献大小向其支付适当报酬。"这里，是对民间文学艺术作品的整理本加以版权和邻接权保护，保护的是整理者和主要素材的提供者，而不是保护民间文学艺术作品的"著作权人"。民间文学艺术作品可由行政法保护，制定专门条例，可以用行政法律手段限制外国人采风，制止对我国民间文学艺术作品的掠夺。从国外情况来看，一些发展中国家虽用著作权法保护民间文学艺术作品，但实施起来很困难。许多发达国家不用著作权法保护民间文学艺术作品，并非这些国家的民间文学艺术作品不丰富。

录自1991年《著作权法概要》

二、《民间传统文化的民事保护》

民间传统文化的民事保护

制定民间传统文化保护法很有必要。这部法首先应当规定民间传统文化的民法保护，民间传统文化的民事权利问题解决了，才宜再谈行政保护。民间传统文化的民事保护主要有以下几点：

一、民间传统文化权是一项新的民事权利

在以往的民事权利中，没有民间传统文化权。20世纪60年代后，一些发展中国家率先保护民间传统文化，以对抗发达国家高科技产品的贸易输入。之后联合国教科文组织和世界知识产权组制定了《保护民间文学表达形式，防止不正当利用及其他侵害行为的国内示范法条》。人们认识文化的多样性是人类文明发展的需求，要像保护野生动物、维护生物多样化那样保护民间文学艺术。因此，民间传统文化在知识产权中逐步形成一项新兴的民事权利。这种权利不是著作权，不与著作权权利本身交叉，作品在著作权存续期间，不发生民间传统文化权问题，民间传统文化权是一种独立的民事权利。民间传统文化保护法可规定民间传统文化权受法律保护，确立民间传统文化权。

二、民间传统文化的范畴

民间传统文化的范围可参照《保护民间文学表达形式，防止不正当利用及其他侵害行为的国内示范法条》的规定。我国各族人民千百年来创作、保存和沿用的语言、文字、音乐、舞蹈、戏剧（剧种剧目）、曲艺、杂技、体育、武术、游戏、服饰、建筑形式、医药、工艺、美术、生态习俗、节日庆典等都属于民间传统文化。

民事中的民间传统文化不宜只强调"珍贵、濒危、历史价值"，凡正当、有益的均享有民间传统文化权，受民法保护。

三、民间传统文化的权利主体

民间传统文化的权利人，是创作、保存、使用该民间传统文化的社会群体，该群体可以是一个民族、一个地区、一个村落。有关

机关可以是民间传统文化权人的代表人。

四、民间传统文化的传承人受法律保护

五、在传统和习惯范围内使用民间传统文化，不经许可不支付报酬。在传统和习惯范围内外使用民间传统文化，需经许可和付酬，或不经许可但需付酬，或者不经许可不付酬但需注明权利人

六、民间传统文化权的行使人

民间传统文化权可以由民间传统文化权人行使，也可以由为代表权人的有关机关行使。

七、民间传统文化权不能转让，可以授权使用

八、民间传统文化权永久受法律保护

2004年4月6日

三、民间传统文化的民事保护简报

法工民字（2005）号

民间传统文化的民事保护

法制工作委员会民法室

2005年8月1日

2005年7月5日至8日，文化部和江苏省人民政府举办了"中国非物质文化遗产保护·苏州论坛"。文化部孙家正部长做了主题报告，全国人大教科文卫委员会文化室朱兵主任做了《我国非物质文化遗产保护的立法：背景、问题与思路》的发言，三百多名代表参加了讨论。

在非物质文化遗产保护的法律机制议题中，一些代表主张用行政手段保护民间传统文化，在非物质文化遗产保护法中不写民事保护。文化部政法司王鹤云等代表主张民事保护应与行政保护并行，非物质文化遗产保护的法律机制要"双支撑"。非物质文化遗产保护法首先应当规定民间传统文化的民法保护，民间传统文化的民事权利问题解决了，才宜再谈行政保护。与会代表对民间传统文化的行政保护没有争议，故本简报仅介绍民间传统文化民

事保护的要点。

一、民间传统文化权是一项新的民事权利

在以往的民事权利中，没有民间传统文化权。20世纪60年代后，一些发展中国家率先保护民间传统文化，以对抗发达国家高科技产品的贸易输入。以后联合国教科文组织和世界知识产权组制定了《保护民间文学表达形式，防止不正当利用及其他侵害行为的国内示范法条》，人们认识文化的多样性是人类文明发展的需求，要像保护野生动物、维护生物多样化那样保护民间文学艺术。因此，民间传统文化在知识产权中逐步形成一项新兴的民事权利。我国已加入《保护非物质文化遗产公约》，非物质文化遗产保护法应规定民间传统文化权受法律保护。确立民间传统文化权是一种独立的民事权利，方可在国际贸易中以民间传统文化作品抗衡发达国家高科技产品。

二、民间传统文化的范畴

非物质文化遗产也称民间传统文化，其范围可参照《保护民间文学表达形式，防止不正当利用及其他侵害行为的国内示范法条》和《保护非物质文化遗产公约》的规定，我国各族人民千百年来创作、保存和沿用的语言、文字、音乐、舞蹈、戏剧（剧种剧目）、曲艺、杂技、体育、武术、游戏、服饰、建筑形式、医药、工艺、美术、生态习俗、节日庆典等都属于民间传统文化。

民事中的民间传统文化不宜只强调"珍贵、濒危、历史价值"，凡正当、有益的均享有民间传统文化权，受民法保护。

三、民间传统文化的权利主体

民间传统文化的权利人，是创作、保存、使用该民间传统文化的社会群体，该群体可以是一个民族、一个地区、一个村落。有关机关可以是民间传统文化权人的代表人。

民间传统文化权可以由民间传统文化权人行使，也可以由为代表权人的有关机关行使。

四、民间传统文化权的内容

民间传统文化权包括人身和财产两方面的内容。

民间传统文化权中的人身权利主要是属名权、修改权。

民间传统文化权中的财产权利是许可和获酬。民间传统文化在特定范围已进入公有领域，因此在传统和习惯范围内使用民间传统文化，不经许可不支付报酬。在传统和习惯范围内外使用民间传统文化，需经许可和付酬，或不经许可但需付酬，或者不经许可不付酬但需注明权利人。

民间传统文化权的行使可像保护音乐作品著作权那样循序渐进，但前提是承认民间传统文化权，这样才能为《乌苏里船歌》等案提供依据。

五、民间传统文化权的传承人

民间传统文化的传承人受法律保护。传承人的技术秘密应当得到民事保护。传承人和其他民间传统文化的表演者，受邻接权保护。

六、民间传统文化权不能转让，可以授权使用

七、民间传统文化权不羁于时效，永久受法律保护

2005年7月12日

四、《文化产业法要由若干单行法构成》

文化产业法要由若干单行法构成

北京市人大常委会立法咨询专家 河山

文化产业法能不能立法，首先得确定文化产业法的概念，在什么角度上讲文化产业的立法。从法典角度，文化产业法不是一个法典的含义，因此不能制定像民法典、刑法典那样的文化产业法。撇开法典，可以把文化产业法定位于文化产业方面的法。这样，我们所说的文化产业法是指与文化产业相关的法。在这一空间里，就可以看到文化产业法要由若干个单行法构成。

把文化产业法做这样的定位，就会有一系列法律法规等待着我们开拓。例如，国家有关部门正在紧锣密鼓地起草非物质文化保护

法，出版法也在研究之中，电视、电影、广播、音乐、舞蹈、戏剧、报刊、音像等亦应制定与其产业相关的法，互联网标志着信息时代的到来，网络法更有待出台。总之，制定与文化产业相关的法是广阔天地大有作为。

2008年4月24日

第二节　云南游记

一、《民事立法札》一书中《民间文化保护立法札记》的"按"

民间文化保护立法札记

　　[按] 1982年制定文物保护法时，曾为该法未保护"活文物"而遗憾。1990年制定著作权法，研究了民间文学艺术作品，感到著作权难以对它保护。1996年赴云南调查旅游合同，强化了保护民间文化的直感，10月28日在宁蒗彝族自治县人大座谈会上，迸发"拉开民间文化保护立法的序幕"的心声。之后写下《救救应当保存的民间文化》、《亟待保护的摩梭母系文化》两篇随感。愿各方共同努力，促使民间文化保护法的制定早日起步。这是一桩功在当代、利在千秋的事业。

二、救救应当保存的民间文化

救救应当保存的民间文化

一、灿烂的民间文化

　　10月下旬，民法室一行赴滇调查旅游合同。云南，不仅有神秘的泸沽湖、奔腾的金沙江、皑皑的玉龙大雪山、珍奇的热带雨林、美丽的西双版纳、保存完好的丽江古城、苍山洱海蝴蝶泉等壮丽的自然景观，更有那一轴轴多采的民俗风情。如摩梭人的"女儿国"、纳西人的唐宋古乐、原始的东巴宗教、图画象形文字，早于拉班、敦煌舞谱的东巴舞谱、哈尼族的竹筒舞、傣族的孔雀舞、白族的情歌对唱、彝族的摔跤、哈尼族的斗鸡、傣族的泼水节、拉祜族的火把节、大理三月街、傣族的竹楼、白族的四合五天井、三方一照壁、阿诗玛的传说、佤族的服饰、白族掐新娘婚礼、扎染的工艺、竹筒饭、汽锅鸡、过桥米线、三道茶。山川固然美，风情更迷人。

云南聚集26个民族，各个都有绚丽的风俗画卷。民族的语言、文字、宗教、民居、节日、婚礼、歌舞、乐器、服装首饰、手工艺品、体育、饮食文化等等，凡善良的民俗，都是民族的"活"的文化，中华的瑰宝。

二、被蚕食着的民间文化

改革开放的浪涛中，中外文化、各族文化、东西南北文化在融合，这必然带来对民俗文化的冲击。人们对民间文化往往抱着金砖不识宝，身在福中不知福，甚至把精华当糟粕，脏水孩子一起泼，摧残民间文化。例如纳西族的东巴教，是佛、道、基督、天主、伊斯兰教之外的一种原始宗教，创造了辉煌的图画象形文字。新中国成立后，人们把东巴教当作封建迷信批判，致使现在只有极少数年迈的老东巴使用东巴文字，年轻的纳西人已不认识图画象形文字了，这些老东巴均已七八十岁，再过几年这些人死后，东巴文字将失传，"活"化石变成"死"文物。

基诺人原过着原始父系的氏族社会生活。20世纪60年代，人们"帮助"基诺人"一步迈到社会主义"，致便基诺人原有的生活方式土崩瓦解，最后在1981年彻底拆除了基诺山上的父系大家庭的建筑——大木房子。人类社会发展阶段父系氏族社会形态的"活"标本，毁于当代人手里，令人痛心。

傈僳人的结绳记事，现已无人使用，如何结绳，怎样记事，给许多人留下的只有悬念。

云南的一路，除苍山宾馆门口的服务员等个别人外，已看不到穿民族服务的男子了。问一位民族干部为什么不穿本民族的服装，他说"我们进步了"。这是"进步"吗？在傣族村寨，我们看到一些先富起来的傣族人盖起了汉式二层小楼，犹如羊群中的骆驼，十分乍眼。如不加以引导，人们富裕起来后，很可能摒弃传统民居，盖起洋楼。倘若是千篇一律的汉式民俗，哪还有绚丽多彩的民族风情画卷！

三、亟待保护的民间文化

封闭的社会，最易保留民间文化，改革开放，必然带来对民间文化的冲击，怎样在开放形势下保存利用弘扬民间文化，是一个亟待解决的问题。为保护民间文化，特提几点建议：

第一，保护民间文化，首先应当树立一个观念，即凡善良民间文化，越是民族的，越是先进的，越是世界的。

20世纪80年代，联合国教科文组织及世界知识产权组织制定了《保护民间文学表达形式，防止不正当利用及其他侵害行为的国内法示范法》。该示范法罗列的民间文学表达形式丰富，包括：（1）口头表达形式，诸如民间故事、民间诗歌及民间谜语；（2）音乐表达形式，诸如民歌及器乐；（3）活动表达形式，诸如民间舞蹈，民间游戏，民间艺术形式或民间宗教仪式；（4）有形的表达形式，诸如：（a）民间艺术品，尤其是笔画、彩画、雕刻、雕塑、陶器、拼花（拼图）、木制品、金属器皿、珠宝饰物、编织、刺绣、纺织品、地毯、服装样式；（b）乐器；（c）建筑艺术形式。国际上从六十年代开始强调保护民间文化，也是发展中国家平衡与发达国家不平衡的高科技贸易关系而采取的斗争策略。我国实行改革开放，与国际接轨，更应注重保护自己的民间文化。

第二，立法，是保护民俗文化的重要方式。我国制定了文物保护法、野生动物保护法、野生植物保护条例、矿产资源法等法，可是没有民俗文化的保护法。我国著作权法写了应当保护民间文学艺术作品的著作权，但应当看到，著作权对民俗文化的保护是苍白无力的。民俗文化主要应当用行政法保护。我国文物保护法只保护"死文物"，不保护"活"文化，而"活"的文化往往更珍贵。若不是纳西人民保留了唐宋古乐，谁人又能聆听历史瀚海的千年之音。故建议制定《中华人民共和国民俗文化保护法》。

制定保护民俗文化的法律，需两条腿走路，除国家立法外，建议有立法权的地方人大应积极制定保护当地民俗文化的条例，如云南省人大制定云南省民俗文化保护条例，云南大理白族自治州人大制定大理白族民俗文化保护条件，云南丽江纳西族自治县制定东巴文化保护条例，云南宁蒗彝族自治县制定摩梭人阿夏婚姻保护条例。

第三，组织开展民俗文化普查工作。制定民俗文化保护法的基础工作之一是普查民俗文化，或本民族内横向全面普查，或跨民族纵向单项普查，弄清应保护的民俗文化有哪些。

第四，建立民俗文化等级评定制度，犹如评定文物等级那样，确定哪些民俗属一级"活"文化，哪些属二级、三级、四级。例如，大理白族的三道茶，一道苦二道甜三道回味，曾是唐代南诏国王赏赐群臣的宫廷茶，白族人民保留下来，招待尊贵的客人，三道茶十分有特色，可谓一级民间文化。

第五，根据在云南一路看到的，感到当地应亟待保护以下几项民俗文化：

（一）东巴宗教、图画象形文字文化面临断代失传的危险，应当重振东巴文化，从娃娃抓起，将东巴文化纳入义务教育，使之世代相传，别让古老的东巴文化断于我们这代人手中。

（二）以旅游为契机，动员基诺人模拟地重过父系民族生活，恢复这块宝贵的"化石"。

（三）民居建设提倡保质民族式样，特别是在旅游地区，禁止民居汉化。

（四）提倡穿民族服装，特别是在风景旅游区域，商业服务业人员都应穿民族服饰。

（五）云南省旅游局张宝贵副局长表示挖掘整理云南民族食文化，应当予以支持，这既保护了民间饮食文化，又开发了旅游资源。

（六）保护摩梭人阿夏婚姻文化。

1996年11月8日

三、《亟待保护的摩梭母系文化》

亟待保护的摩梭母系文化

一、摩梭人

云南宁蒗和四川盐源合抱着一个形如曲颈葫芦的高原湖泊，这就是的泸沽湖。之所以神秘，并非它的山色湖光奇特，而是由于泸沽湖四周生活着四万多至今保留母系氏族婚姻家庭文化的摩梭人，人称"女儿国"。"女儿国"是"只知其母，不知其父"吗？阿夏是亚血缘群婚、对偶婚，还是一夫一妻制婚姻？摩梭人使用的猪槽船是上古人"刳木为船"的再现吗？摩梭人的母系文化真是令人横生无限遐想。

遥忆忽必列大军征西南，挥戈凉山，《元史》记下当年的摩梭人泥月乌已传三十一世，推算南北朝时摩梭先民就已繁衍泸沽湖畔。自元朝起，摩梭人实行土司制，这种制度一直延续到民国年间。解放后摩梭人和全国人民一道进入社会主义。摩梭人在云南被划归纳西族，在四川被划归蒙古族，摩梭人自认为应是单独的摩梭族。摩梭人有自己的语言，没有单独的文字，解放前使用藏文，解放后使用汉文。摩梭人有转山节、成丁礼等风俗，摩梭人能歌善舞，许多摩梭女天生一喉才旦卓玛般的嗓音。

二、阿夏婚姻

摩梭人至今保留着母系氏族的遗俗，突出表现为阿夏婚姻。阿夏婚姻俗称走婚，指建立婚姻关系的男女，男不娶，女不嫁，双方各居母家，只是在夜间男到女家花楼过夜，清晨男归母家的夫妻形态。这种婚姻不需要登记。阿夏婚姻在一些教科书上称为阿注婚，这是不确切的，阿注在摩梭语中是朋友的意思，而阿夏指情侣。

摩梭成丁后的男女在生活、劳动中产生了感情，有了阿夏关系，开始是秘密的，晚间男子到了女家门口，女子悄悄地将心中人领到花楼过夜，天刚亮时男子离开女家。随着双方情感的发展，男女阿夏关系公开化，男子便径自到女子家过夜，还可以受到女方家庭成员的款待。一旦有了子女后，男女之间的阿夏关系往往比较固定。

每天黄昏时分，泸沽湖的田间小路可以见到匆匆赶往各自女阿夏家过夜的走婚男子，次日天蒙蒙亮时，他们又匆匆回母亲家开始白天的生活。这种情形仿佛令人看到婚姻辞源的影子了。婚姻，古称昏姻。昏者，昏时行礼，故称昏。姻者，妇人因夫，故称姻。古时娶妻之礼，以昏为期，日入后二刻半为昏，婿以昏时而来，妻因之而去。古时婚姻重亲迎，亲迎在黄昏之时，这可能烙印着母系社会的习俗。

阿夏婚姻只能在一男一女之间进行，一人不能同时与数人走婚。阿夏婚姻以感情为基础，走婚男女感情破裂，双方就分手。分离后的男女可再与其他人走婚。

阿夏男女只有性生活关系，没有其他权利义务关系。阿夏男女所生子女，随母姓，属于女方家庭成员，由女方家庭抚养。生父对女子没有抚养的义务，但可以到女家看望子女，子女对生父家的财产也没有继承权。

三、母系氏族家庭

基于阿夏婚姻，摩梭人按母系计算血统，家庭属母系氏族家庭。妇女是家庭的中心成员，家长由一位能干的长辈妇女担任。在母系大家庭成员中，家庭成员一般有十余人。同辈的男女之间称姐妹兄弟，对上一辈的妇女称母亲，没有姨的称谓，对上一辈的男子称舅舅，对上二辈的妇女称祖母，对上二辈的男子称舅祖父。同辈姐妹不论谁生的子女，都视为自己生的子女，一视同仁。子女对自己的生母及其姐妹均称母亲。

在母系氏族家庭，舅掌礼仪母掌权，财产关系为家庭共有。每个家庭的收入均交家庭，个人无私蓄。财产由家长统一支配，家庭成员共同享用。

四、木房四合院和猪膘肉

摩梭民居的建筑风格是木房四合院，一个母系氏族家庭居住于一个四合院中。四合院由正房、花楼、畜圈四合而成。正房多座西朝东，意寓朝着太阳升起的地方。正房由家长居住，内设火塘、伙房，全家人吃饭在火塘旁。正房的两侧是花楼，花楼为二层，由许多单间组成，是其他家庭成员居住的地方。正房的对面是畜圈，饲养羊、牛、猪等牲畜。摩梭人的房屋均是由木头垛成。一些木房很坚固，百年不朽。例如云南宁蒗县宁乡洛水竹地村的一户摩梭人家，正房居住着老姐俩，长者99岁，次者92岁，她们自幼居住在这里，她们出生时已是家庭的第四代人，这样木房究竟建有多少年，有待考证。烟熏火燎是木房拒虫抗腐的重要原因，这里蕴藏着摩梭的建筑科学。

摩梭人饮食文化最突出的是猪膘肉。摩梭人将猪杀死后，去头、去尾、去四脚、去骨、去内脏，在腹腔内加盐后缝合，放置在正房内近伙厨的地上。猪肉越放越香，许多都放置十多年方食用。猪膘肉不冷藏不加防腐剂却能长期存放，堪称奇迹。

五、摩梭母系婚姻家庭文化存续的探讨

人类的婚姻家庭状态经历了乱婚、血缘婚、亚血缘婚，对偶婚、一夫一制婚姻的发展过程。在原始社会早期，生产力极端低下，原始人过着群体的生活，同一群体的男女盛行着毫无限制的杂乱的性交关系，每一个女性都属于每个男性，每个男性也属于每个女性。随着社会生产力的缓慢发展提高和自然选择的作用，人类的婚姻关系演变为群婚制。血缘群婚制是群婚制的低级形式，这种婚姻是根据世代划分的，在同一群体内，同一辈分的男女互为夫妻，排除不同辈分的直系血亲间的两性关系。随后，血缘群婚发展为亚血缘群婚，亚血缘群婚又称普那路亚家庭，为群婚制的高级形式，它仍然是一种同辈男女间的集团婚，但仍排除了兄弟和姐妹间的婚姻。对偶婚是母系氏族晚期产生的婚姻关系形态，指一个男子在许多妻子中间有一个主妻，而他对于这个女子来说也是她的许多丈夫之中的一个主夫。人类进入父系氏族社会后，一夫一妻制婚姻便取代了对偶婚，延续至今。

摩梭人的走婚似乎介于对偶婚与一夫一妻制婚姻之间，可属对偶婚的晚期，是对偶婚向一夫一妻制婚姻过渡的婚姻形态，它已由同时与数人发生婚姻关系发展为一对男女间的阿夏关系。

在一夫一妻制产生发展已有数千年的历史的今天，摩梭人却依

然保留着母系氏族婚姻家庭文化，风吹不倒，雨打不散，究其原因，母系氏族家庭文化自身的某些优越性恐怕是其顽强生存的内存因素。

摩梭母系氏族婚姻家庭文化的优势首先表现在家庭祥和。摩梭家庭成员均源于同一女祖先，没有外姓人，也就没有夫妻、婆媳、姑嫂、妯娌等复杂、难处的家庭关系。摩梭兄弟姐妹之间自幼共同生活，兴趣相投，情同手足，其他家庭成员之间也是水乳交融，亲密无间。摩梭人终身生活在这种温馨的家庭中。

摩梭母系氏族家庭人口较多，劳动力充沛，有利于生产、生活上的分工，抗风险力强。泸沽湖外的家庭一般人口少，劳动力少，一旦出现人祸，有时便难以为济。

走婚的阿夏男女晚宿晨散，只有夜生活关系，因此双方的交往以爱情为基础，男子总是女方的客人，双方相敬如宾，亲密无间，无需顾及柴米油盐醋，即使分手，也不殃及子女。泸沽湖外的一些男女有时发出"结婚是爱情的坟墓"、"二人走到头了"的唉叹。婚后由于双方没有制约的手段，一些夫妇常为生活琐事争吵不休，甚至动手动脚。夫妻的离异更易为子女埋下阴影。

摩梭妇女走婚不出嫁，也避免了错嫁的风险。泸沽湖外女大当嫁，一些妇女有"嫁鸡随鸡，嫁狗随狗"的陈旧观念，难避出嫁风险，跟错了人家，半辈子倒霉。

摩梭人是否知其母，不知其父？阿夏婚会否导致近亲繁衍，人口素质下降？实际并非此担忧。摩梭人是知其父的，泸沽湖就那么大，谁与谁走婚，村里人都是知道的，他们的子女之间是不会发生走婚关系的。摩梭人体格强壮，加之家庭和睦，与世无争，心旷神怡，以及泸沽湖水养人，故摩梭人长寿者较多，百岁老人不罕见。

摩梭母系氏族家庭通常有十余成员，家庭人数超过二十后，即不便管理，导致分家。为了不分家，摩梭女走婚时很注意节育，因此，摩梭人口增长缓慢。解放初时宁蒗有一万余摩梭人，20世纪90年代人口统计，仍为一万多人，略增无几。

六、亟待保护的摩梭母系文化

摩梭人的母系文化是人类母系氏族社会的最后一片缩影，对于当今世界存留的这块"活化石"，人们对它的看法并不一致。有人认为摩梭文化是落后的原始社会的遗子，与社会主义社会根本不相容，必须让它"进步"起来。20世纪70年代初，云南有的同志认为阿夏婚姻与一夫一妻制的原则相违背，于1972年、1973年、1974年到泸沽湖"整顿"，强令走婚的男女按一夫一妻制结婚，否则不发口粮。经这场"摧残"，有百分之二十的摩梭人建立了一夫一妻制的小家庭，但他们又支持自己的子女走婚。

摩梭人对自己的特有文化有时也不注意珍惜。例如，自古以来至20世纪70年代一直使用的猪槽船现已绝迹，已见不到荡漾在泸沽湖的独木船，取而代之的是新式木船。摩梭人有自己的特色服饰，但现只有老年人穿戴，摩梭青年男女均已是汉式衣裤，甚至在晚会上，摩梭小伙子们也是西装革履，衣着没有特色。旅游开发部门投资千万元的泸沽湖畔盖宾馆，但见高楼起，不见摩梭四合院。至今也没有专门研究开发摩梭文化的机构和专职人员。

摩梭母系氏族婚姻家庭文化亟待保护。建议国家修改婚姻法时留阿夏婚姻立锥之地。云南宁蒗和四川盐源人大常委会可制定摩梭母系文化的保护条例。一夫一妻制是人类的一种婚姻形态，虽产生发展了几千年，但也有灭亡之日，保留阿夏婚姻供后人选择、改进婚姻形态或许有令人预料不到的意义。在其他方面如建立摩梭母系文化博物馆，保护弘扬梭人的四合院、猪膘肉、猪槽船、语言、服饰、歌舞等方面也应有所作为。人们踏进泸沽湖，进入眼帘的是一派"女儿国"风光。 （图版290）

1996年11月5日

图版290. 泸沽湖

图290-1 摩梭织女

四、《丽江变味了》

本书前述1996年到的丽江，开天辟地写下两篇游记，2008年应当年许愿再到丽江，遗憾地写下《丽江变味了》第三篇游记。

丽江变味了

丽江地震那年，我带队来到丽江。那璀璨的东巴文化，那神秘的摩梭风情，那小桥流水人家，那玉龙风光，给我留下极其美好的印象。激发我在宁蒗发出"一定要拉开民间文化保护立法的序幕"的呼声。在丽江座谈会上，我做了"弘扬东巴文化从娃娃抓起"的报告，讲演的最后一句是"我还要来丽江"，大家热烈鼓掌。

12年后，我再次来到丽江，参加非物质文化遗产保护的会议。我重游大研古镇，玉龙雪山融出的三条清泉仍在潺潺穿城而过，四方街还是那么类四方，穿过云层的一缕阳光映照的青瓦重檐依然饱人眼福。然而，丽江却变味了，丽江僵了。五花石板路两侧全是店铺，货物琳琅满目，应有尽有，古镇变成个大杂货铺，商品博览城。到了夜间，现代化的喧哗响彻云霄。酒吧里，一个个披头散发的女子扭来扭去，酒客一声声喝彩。舞厅里，一群群摩登男女蹦来蹦去，旋转的灯光晃得人头晕眼花。大研，才几年光景，你怎么一下子就丢失了那么多的纳西本色。

新修的木府也是败笔，一座极不协调的仿古建筑群。老木府与周围民居协调，新木府不按原样，一味往大了建。明明有木家过街楼的原物，却说该楼太小，建了个庞大的过街楼。明明白沙文昌宫展有木家书楼的照片，上有"藏书楼"三字，却不按原样建了个高大的"万书楼"。议事厅更是硕大无比，貌似宏伟，但其厅前的院子狭小，二者不成比例。议事厅乃至整个新木府也与周围建设比例失当，很不协调。站在三清殿，俯视下去，高大的新木府将大研割成两半，破坏了古镇的风貌。

一个肌体，都有外在、内在两部分。骨骼、肌肉、皮肤是人的外在部分，血液、呼吸、神经、经络是人的内在部分，人的精髓在内。计算机有硬件、软件，软件更是灵魂。丽江之所以被评为世界文化遗产，在于它保留了纳西文化。纳西建筑、丽江流水是丽江的外貌，纳西古乐、东巴文字等纳西人的生态才是丽江的魂，丽江的灵魂。如今，丽江的魂遭受到侵害，货币经济的铜臭侵蚀了丽江的灵魂。外地的商人用金钱将纳西人高高兴兴地请出古镇，丽江变成商埠，纳西风情几乎烟销云散。这次，我离开丽江的最后一句话是"我不再来丽江"。

不能再糟蹋丽江了，不能愧对祖宗，不能让丽江几百年积淀起来的世界文化遗产断送在新一代人手里。何时把丽江的魂请回来？丽江人是否应反思，认真规划一下丽江的发展前途。古城区首先要留住纳西人，保留纳西生态。要弘扬宣科纳西古乐的演出，传承东巴纸一类传统工艺品的制作，保持茶马古道贸易品的出售，烹调八大碗纳西风味的饭菜。总之，勾回丽江的魂。凡破坏纳西风情的东西都要撵出古城，世界名牌的服装、饰带、化妆品，不能在古镇出售，摇滚舞之类的舞乐不能在古城有响声。新木府建筑寿命到期时，应扒掉它，按木府原貌再建木府。

最后想提的是，丽江应建洛克纪念馆。一个外国人，不远万里来到中国，战乱年间在丽江生活27年，潜心研究纳西文化。"这是什么精神？这是国际主义精神，这是共产主义精神。"洛克精神大发扬。（图291）

2008年9月23日草
2008年10月4日录

五、给宣科先生的信

宣科先生：

您好！12年前，我来到丽江，为这里秀丽的一片净土而感慨。在大研，做了《弘扬东巴文化从娃娃抓起》的报告，在宁蒗人大座谈会上，我说"一定要拉开民间文化保护立法的序幕"。回京后，写下《救救应当保存的民间文化》、《亟待保护的摩梭母系文化》两篇文稿。我走过不少地方，这是第一次令我有感而发，写游记。那次，我也到了您的纳西古乐研究院，小巧玲珑的四合院，墙壁上

图版291. 丽江

图291-1 大研

图291-2 婚姻

图291-3 丽江

图291-4 纳西古乐

图291-5 山间铃响马帮来

图291-6 与大研古镇不协调的新建木府

图版292.宣科

图292-1 前左1即是弘扬纳西古乐的宣科先生

挂着的乐器是二三百年前的老古董，竟无人看管。淳朴的民风不得不令人敬佩。上月我再次来到丽江，又写下《丽江变味了》随感。这三篇文章寄给您阅。

上月23号晚上，我们观看您的纳西古乐演奏会。演出结束后，陈宝泉老师走上台对您说"我能治你的病"，当时您很惊讶，随后的签名把你们二人的对话打断。这事您还记得吧。陈宝泉老师深深为您的事迹感动，现在，他邀请您到北京住上个把月，给您治疗或者他去丽江。（图版292）

附上我的名片，盼复。

颂安！

河山
2008年10月22日

第三节　挖掘、弘扬西夏文化

一个偶然又必然的参观，使我眼前一亮，从未见过的建筑，令人震撼的西夏宫阙。为了它，大声疾呼。又走戈壁，战黄沙，按图索骥，转至文殊山，费尽艰辛拍下《西夏皇宫图》这世上第一张照片。为的是让壁画中的皇城再现人间，弘扬千年西夏灿烂文化，期待着这一天。

一、《让壁画中的西夏建筑走回银川》

让壁画中的西夏建筑走回银川

久慕西夏文明，应中国质量万里行宁夏站站长赵建仁之邀，2005年2月24日终于成行。当日抵银后即奔西夏王陵。在博物馆欣赏西夏文物，看到一幅壁画图片时，我震惊了，那是美轮美奂的西夏楼宇，太有特色了，这是我从未见过的建筑。我走过不少地方，从来没有看到过这样的楼台亭阁，那绝妙的亭尖恰是蒙汉文化融合的结晶。啊！这就是让我魂牵梦绕的西夏风貌。

千年前党项人创造了189年的西夏辉煌，成吉思汗复仇的铁骑又使大夏瞬间消失。今天，我们能不能让壁画上的西夏建筑再现银川？第二天，我将"宁夏诚信行"研讨会发言的题目《诚信是法律与道德的灵魂，诚信兴宁》改为《挖掘西夏文明，打造特色银川》，做了演讲。

改革开放以来，银川快速发展，昔日的"一条街道两座楼，一个警察看两头"早已变成楼房满市，然现如今的这些建筑似缺乏特色。前几年盖的是"火柴盒"，这几年盖楼加了点巴洛克三角、罗马半圆、巴黎黑顶等欧式风格，还有的加徽式马头墙，高楼的样式在其他城市也是司空见惯，自治区政府大楼看似雄伟，但无非是现代化大屋顶，北京长安街一线有好几座。银川与欧洲有多大关系，何必到处仿欧。大连推行市容欧式风格获得极大成功，银川应当有自己的风貌，跟在人家后面模仿永远是爬行。

银川是历史名城，自治区首府的建筑要"自治"。假设银川建筑通通采用壁画中的西夏样式、南关清真寺伊斯兰样式、纳家户清真寺汉化古建样式，那将其有何等的特色！自治区政府能不能调整一下规划，没有特色的建筑最好不批，已建的平顶楼有条件时能像大连那样加个尖，西夏尖。西夏文明给我们留下丰厚遗产，那人像石座、妙音鸟、仿汉文字，不仅史无前例，至今也是仅有，把它矗立在广场、机场、火车站，多有古都特色！人们一看到它，就知道到了银川。优秀建筑是凝固的音乐，是文明的见证，是一座座丰碑。

在银川，走访了正丰集团。围绕弘扬西夏文化，大家的话题集中到正丰广场。广场的设计风格现是江南公园，如果这样永远也赶不上苏州园林。北京来的专家万力、杨荣坚、刘沛、陈胜军与赵建仁、正丰集团领导为正丰广场献计献策，特别是董事长郑国祥及刘沛、陈胜军，提出许多耳目一新的设计：（1）诚信柱。以人像石座为底座，柱上用汉、西夏、伊斯兰三种文字刻诚信二字，柱顶是妙音鸟。（2）西夏园。考察榆林窟，把西夏壁画在园中园复制，按照壁画建造西夏园，就连瓦当、流水、纹饰、色彩、比例都按壁画原样修建。园内可以参观西夏文化展，美食西夏宴，欣赏西夏歌舞，购买仿照西夏特征开发的各种商品。（3）岩画假山。用贺兰石堆垒假山，石上仿刻贺兰岩画。（4）沿街仿夏商亭。沿街的商亭不要仿欧，最好仿夏。（5）园内处处体现西夏文化特征。

中卫的红太阳广场能够保留毛主席塑像是尊重历史，广场的两侧建筑若采大屋顶、高翘角，与鼓楼、高庙协调，就更能经得起时光的打磨。

让壁画上的西夏建筑走回银川！越是民族的，越是先进的，越是世界的。（图版293、图版294）

北京大学法律硕士研究生导师　河山

2005年3月3日

二、《把海宝塔立为银川标志性建筑》

把海宝塔立为银川标志性建筑

今年6月，应银川王儒贵市长之邀，考察西夏文化，力求掘其元素打造特色银川。银川曾是西夏古都，现为宁夏回族自治区首府。用西夏文化、伊斯兰文化打造银川，银川定有特色。伊斯兰文化特征明显，本文暂且少谈。

2005年著者第一次到银川，下机后直奔西夏王陵，那精美的攒尖角状歇山屋顶从未有见，为之惊叹不已，迸发"让壁画中的西夏建筑再现银川"的呼声。

这次到银川，在承天寺看到清初重修的韦驮庙，这座硬山建筑传承着西夏高尖角状山墙式样。观毕西塔时间尚余，又到北塔，殊不知北塔更令人感慨万分。北塔学名海宝塔，史传此塔于公元五世纪夏国时再建，以后又屡毁屡建，现存海宝塔为乾隆年间重建。十一层海宝砖塔造型独特，尤其那方圆形塔刹举世无双，近看远看都好看。

图版293.西夏文化

图293-1 2号王陵

图293-2 西夏文

图293-3 器物

图293-4 石雕

图293-5 岩画

图293-6 石雕

图293-7 岩画

图293-8 石雕

图293-9 岩画

图293-10 李元昊陵

图293-11 交媾

图293-12 人像

图293-13 岩画

图293-16 西夏文

图293-17 西夏文

图293-14 谁人见过这西夏尖尖的歇山屋顶？

图293-18 西夏文

图233-15 西夏猫

图293-19 岩画

图293-20 石雕

图293-22 砖花

图293-21 瓦当

图293-23 瓦当

图293-24 砖纹

图版294.宁夏伊斯兰文化

图294-1 藻井

图294-2 器物

图294-3 寺院建筑

图294-4 寺院建筑

图294-5 寺院建筑

图294-9 宁夏水兽头瓦当

图294-6 寺院建筑

图294-10 同心大寺

图294-11 古兰经书

图294-7 古兰经书

图294-12 建筑

图294-8 厉家寨清真寺

图294-13 终（钟）生平（瓶）安

海宝塔独特的造型是清式还是夏式？是清人自创还是沿袭西夏式样？晚宴请来中国西夏文化研究会李范文会长，李老先生又唤来他的几位弟子。讨论一阵后，一位专家说"西夏人戴的帽子和塔刹造型一样"，"西夏又传承袭了大夏文化"，李老紧接着说。专家就是专家，太重要的旁证了，一席功夫，佐证出西夏时海宝塔就是这个样子。

如今的都市高楼林立，在银川，塔楼切莫建成欧式，倘若按照海宝塔塔刹元素加个顶，特色不就出来了！海宝塔似方似圆状塔刹与伊斯兰圆拱尖顶还有相近之处，外人即使分不清西夏文化和伊斯兰文化，看到绿色"圆头"，也会认为有特色。

又请众专家观看西夏壁画照片，李老的弟子说："这种攒山式建筑已经绝迹。"人们很惊讶一个外地人怎么一眼就看到西夏建筑的尖角，二眼又看出海宝塔那苞蕾般的塔刹。

吸收西夏大屋顶的攒尖角山花、海宝塔半方半圆状塔刹和妙音鸟、人像石础、兽头瓦当、西夏文字等文化元素，吸收伊斯兰建筑元素，对于打造特色银川是何等意义！宁夏博物馆就是成功范例，那伊斯兰圆拱尖的大门和外窗，那回字墙上镶嵌的妙音鸟，堪称现代建筑吸取伊斯兰文化西夏文化元素的典范。

城市的特色美也要有自己的基本色调。比如，北京是青灰，徽派城市是白，欧洲一些城市的屋顶是橙红色。北塔、西塔的西夏青砖经千年岁月已泛黄，二塔都戴着绿琉璃的塔刹。伊斯兰建筑崇白，间嵌碧绿。由此，银川的基本色调应是黄白镶绿。

今后，银川的市容市貌应大讲特色。划分特色区域，伊斯兰文化区域，西夏文化区域。欧式楼房最好不建，银川与欧洲没有什么文化渊源。新建楼宇要饰有西夏或者伊斯兰文化元素。旧楼逐步"穿鞋戴帽"，旧貌换"旧"颜。再把妙音鸟、人像石础、西夏文字、贺兰岩画搬上街头、广场，好一派亮丽风景线。外人一到银川，就能感受到银川的特色。

用西夏文化、伊斯兰文化打造特色银川，市长王儒贵及本届银川人民政府奠定了基石，开了个好头，其功在当代利在千秋。然发掘西夏文明，古为今用，工程浩瀚，任重道远，绝非一朝一夕，更需后继有人，几代从者不懈努力。因此，弘扬西夏文化从娃娃抓起。建议将李元昊创造的文字纳入银川课本，让孩子们从小就识得西夏文字，打好基础。

一座城市，都有自己的标志性建筑。如北京的天安门、天坛，太原的双塔，辽阳的白塔，泉州的东塔、西塔，广州的镇海楼、五羊，上海的东方明珠。银川的海宝塔早在1961年就被定为第一批全国重点文物保护单位，那时全自治区仅有两处。无论从历史上，从美学上，还是从古为今用汲取西夏文化元素上，都建议银川人大通过决议，确立海宝塔为银川的标志性建筑。

海宝塔不仅自身美，塔侧湖水涟漪，环境亦幽。若有条件时把西夏壁画中的楼台亭阁呈现海宝塔湖畔，配有妙音鸟、人像石础、兽头瓦当、西夏文字、贺兰岩画，再开发西夏音乐、舞蹈、服饰、纹饰、美食，建成西夏公园，该有多好，乃是银川人的福分。

附并茂图文。（图版295）

2008年6月28日

三、给杨鸿勋老师的信

杨鸿勋老师是中国社科院考古研究所研究员、中国建筑学会建筑史学分会理事长，常在央视露脸，大名鼎鼎。为海宝塔塔刹是否是西夏模样，我请教罗哲文先生，但一个人不可能样样都知道。我又问杨鸿勋教授，他还是俄罗斯国家建筑遗产科学院院士，对古建筑着实有研究。为西夏建筑，给杨老寄去前文和照片，以后又多次会面谈起这一话题。

杨老师：

很荣幸地见到走下电视的杨鸿勋教授。传上您所要的海宝塔的照片和文章。如不嫌弃，今后还会请教您。

河山

2009年1月17日

图版295. 海宝塔

图295-1 北塔寺

图295-2 海宝塔

图295-3 海宝塔刹

图295-4 海宝塔是国家第一批重点保护文物，当时宁夏仅有两个

图295-5 海宝塔远眺

很快收到杨鸿勋老师的回信。

何山 先生：

拜读了您的大作，很钦佩您对银川作出的贡献！

二十多年前，宁夏自治区领导曾请我为自治区的经济起飞出主意，我提出两个资源，就是：西夏遗产和伊斯兰文化！当时他们的认识还不够，可惜未能起什么作用。

以后等您我都有空的时候，我们一起再去银川看看，能不能帮上什么忙。我赞成您的想法，我是国家一级注册建筑师，如果银川领导有意，我可以为银川创作一个体现西夏韵味的现代建筑。全国专家论证选定我的"中国文字博物馆"设计（内涵最早甲骨文发生时代——商的标志性建筑的"后现代主义"理念），中央主管李长春副总理很欣赏，指示作为重点工程，纳入"十一五"规划，现正在施工中。

又赶紧给杨鸿勋老师复信。

杨老师：

二十多年前若采纳您的意见，今天的银川何能是这个样子。话回如今，您的西夏样式的现代建筑定会矗立起来，银川的自治区政府办公大楼就是个不成功的例子，而自治区博物馆却是吸收伊斯兰、西夏文化的典范现代建筑；但此似需有一个项目，在当前经济危机和自治区50周年大庆刚过的情况下可能要等机会，一定不错过机遇。

除上述外，能不能先提炼若干西夏建筑的元素，如将海宝塔刹装到塔楼，攒尖锐角的山花用于板楼。这些元素可直接用于银川市西夏区的两个方面：一是新建筑应当具备此元素。二是对旧建筑逐步"穿衣戴帽"，显示西夏风韵。这个元素图可能较快施之。不知这样行不行？我本人是不懂提炼西夏文化元素的设计的。

去银川考察方便，我们今年还准备在哪儿开会。

附上西夏建筑图及"四阿重檐"文。

拜早年！

河山

2009年1月18日

四、《再谈让壁画上的西夏建筑走回银川》

再谈让壁画上的西夏建筑走回银川

前日受王儒贵市长之托，约杨鸿勋先生在人大会堂宾馆一起看银川西夏街设计图。杨先生曾是梁思成的助手，今坐中国建筑史第一把交椅。年近八旬，鹤发童颜、思维敏捷。他对眼前的设计没有半句赞美之辞，而列举开封宋街等几处败笔，劝银川市应慎重行事。

我也同意杨老先生，建议不要按此设计搞西夏街。随后又谈了两点：一是旧街的"穿衣戴帽"，二是照西夏壁画建西夏园。这两点也算是老生常谈，翻翻旧文，三篇银川的随感都提及此事。2005年初次到银川市，在西夏王陵见到佛教中的西夏宫阙图，感慨万分，写下《让壁画上的西夏建筑走回银川》。2008年见到海宝塔，建议《把海宝塔立为银川标志性建筑》。第三篇是给杨鸿勋先生的回信。今摘摘前文，也谓絮絮叨叨。

关于第一点，是仿照西夏建筑特点给旧楼"穿衣戴帽"。

第一篇《让壁画上的西夏建筑走回银川》中说："银川是历史名城，自治区首府的建筑要"自治"。假设银川建筑通通采用壁画中的西夏样式、南关清真寺伊斯兰样式、纳家户清真寺汉化古建样式，那是何等的特色！自治区政府能不能调整一下规划，没有特色的建筑最好不批，已建的平顶楼有条件时能像大连那样加个尖，西夏尖。西夏文明给我们留下丰厚遗产，那人像石座、妙音鸟、仿汉文字，不仅史无前例，至今也是仅有，把它矗立在广场、机场、火车站，多有古都特色！人们一看到它，就知道到了银川。优秀建筑是凝固的音乐，是文明的见证，是一座座丰碑。"

第二篇《把海宝塔立为银川标志性建筑》中言："今后，银川的市容市貌应大讲特色。划分特色区域，伊斯兰文化区域，西夏文化区域。欧式楼房最好不建，银川与欧洲没有文化渊源。新建楼宇要饰有西夏或者伊斯兰文化元素。旧楼逐步'穿鞋戴帽'，旧貌换'旧'颜。再把妙音鸟、人像石础、西夏文字、贺兰岩画搬上街头、广场，好一派亮丽风景线。外人一到银川，就知道到了银川。"

第三篇在给杨鸿勋先生的回信中道："能不能先提炼若干西夏建筑的元素，如将海宝塔刹装到塔楼，攒尖锐角的山花用于板楼。这些元素可直接用于银川市西夏区的两个方面：一是新建筑应当具备此元素。二是对旧建筑逐步'穿衣戴帽'，显示西夏风韵。这个元素图可能较快施之。"

西夏建筑元素是什么？大家议，有两点较之突出。一是大屋顶宫殿的特色元素有五：（1）屋脊上的大鸱吻；（2）攒尖锐角的山花；（3）直角的垂脊；（4）长长略翘的翼角；（5）西亚特色下粗上细的束竹柱。或许还能提炼更多。二是海宝塔的塔刹造型。把这些元素用上，"穿衣戴帽"，就有别于其他地区的大屋顶了。

第二点是照西夏壁画建西夏园。

前述文章也曾提过。《让壁画上的西夏建筑走回银川》文中提出照此建"西夏园。考察榆林窟，把西夏壁画在园中园复制，按照壁画建造西夏园，就连瓦当、流水、纹饰、色彩、比例都按壁画原样修建。园内可以参观西夏文化展，美食西夏宴，欣赏西夏歌舞、购买仿照西夏特征开发的各种商品。"

《把海宝塔立为银川标志性建筑》建议中也说："海宝塔不仅自身美，塔侧还有湖水涟漪，环境亦幽。若有条件时把西夏壁画中的楼台亭阁呈现海宝塔湖畔，配有妙音鸟、人像石础、兽头瓦当、西夏文字、贺兰岩画，再开发西夏音乐、舞蹈、服饰、纹饰、美食，建成西夏公园，该有多好，乃是银川人的福分。"

杨鸿勋先生高度评价这一设想。他说：西夏建筑是块空白。梁思成的中国建筑史和新版的多卷本都没有西夏建筑，银川建西夏园将填补这个空白。西夏壁画是西夏画家对佛国世界的想象，它把最美的西夏建筑勾画出来，再现了西夏建筑的最高水准。按照一幅壁画建造园林，全世界没有。银川照西夏壁画建西夏园，不仅可行，建造得好还可能创造奇迹。西夏园建成时，愿安排三年一次的国际建筑会议在银川召开。

文章写到此时，恰逢美籍华人王东来先生来访，他为编写僧尼传到京，王先生对西夏园亦感兴趣，表示愿为它的辉煌争取一笔低息贷款。

2009年12月21日

五、《西行取经记》

西行取经记

元旦过后，我即随张区长一行赴西天取经。经是什么？经乃西夏建筑图，这一路，颠簸数千里，六日不寻常经历。可以说，取得了真经——原汁原味而又标新立异的西夏建筑图。

西夏建筑图有三幅，两幅在榆林窟，一幅在文殊山。这三幅佛教的西方净土变相图是当年艺术大师将最美的西夏建筑凝刻在石窟壁画之上。它富丽堂皇、雄伟壮丽，无不令人震撼。

榆林窟两幅精巧玲珑，左侧一幅更佳。当年在西夏王陵见到的那幅便是此图的局部，这次见到了全貌，精美绝伦。

文殊山的这幅更显皇家气派。二道三座城楼的宫墙前无古人。三层大殿极具特色，无比辉煌。全然一幅西夏皇宫图。

文殊山壁画过去只印有局部图，从未有人意识到这是画师对西夏皇宫的再现，不曾面世。特别需要一提的是，张区长超水平的斡旋才得以拍下这张照片。

这次西行，也进一步挖掘了西夏建筑艺术的元素。如前述文章提到的那别具一格的攒尖顶，这次不仅在文殊山壁画见到角度更锐的山花，在榆林窟还看到无脊的全然攒尖建筑。

图版296. 西行取经记

图296-1 敦煌

图296-2 敦煌飞天

图296-3 嘉峪雄关

图296-4 张掖大佛

图296-5 敦煌武士

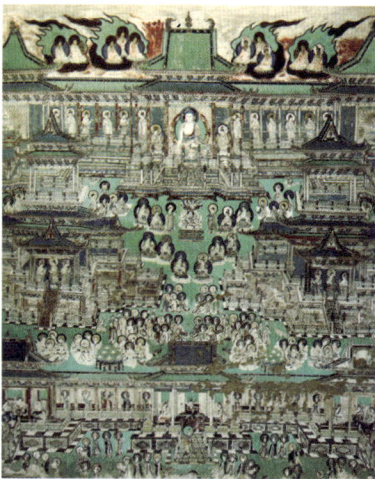

图296-6 榆林窟西夏图

图296-7 张掖寺

图版297. 西夏皇城图

图297-1 文殊山石窟

图297-2 西夏皇城图

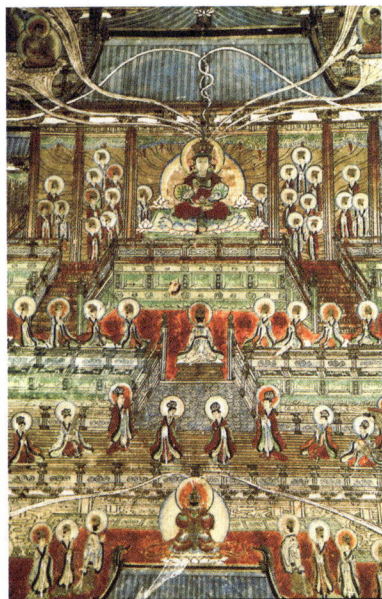

图297-3 西夏皇城图中部

除上篇文章提及的西夏建筑元素外，这次还看到极富西夏特色的图案、纹饰、造形在建筑上的运用。如三珠火焰纹、无须无大尾的龙。岳键研究员称这是断代性图案。又如凤，莫高窟的藻井有四龙团凤图，张掖大佛寺左右两扇门各画一只硕大的凤凰。在我国，突出凤凰的建筑纹饰除此仅有慈禧墓，凤在上，龙在下。西夏的凤早清晚几百年，慈禧是效仿梁太后、罗太后，因此从而也印证银川凤凰城的来历。这些，与妙音鸟、人形石础等共同构成西夏标志性文化元素。

依照西夏壁画复原西夏皇宫的意义无需本文说，但举此事，定要按精品打造。在京曾与自治区于革胜副书记说及此事，于副书记很赞赏，并说，"不做就不做，要做就做精品。"愿先依照片绘图，再做烫样，研究清每一细节，制出各部设计图，万事俱备，方可动工，得留给后人一座经得起推敲的西夏皇宫。

西夏建筑艺术是中华文化的组成部分，目前西夏建筑被湮没千年，尚属空白。除再现，并可逐级申报非物质文化遗产。弘扬西夏文化，造福今世银川。（图版296、图版297）

2010年元月11日晨

第四节　乐城岛

一、《打造乐城岛古城旅游》

打造乐城岛古城旅游

在海南医学院黄老师、苏老师的陪伴下，5月27日我们前往乐城岛。黄教授是琼海人，不仅亲自驾车，又特约琼海领导一同进岛。在岛上城隍庙，村长点燃鞭炮，热情欢迎我们一行的到来。

乐城岛是内河岛，不是海岛。它位于海南琼海万泉河下游，是万泉河中最大的江心岛，面积约两平方公里。

乐城岛的乐城是座古城，是海南乐会县县府所在地。县衙选设江心岛屿之上，全国可能惟此乐城。古时运送多走水路，潺潺的万泉河水为乐城舟楫提供便利的水利条件。环岛的流水又乃天然护城河，加之青石垒作四围城墙，可谓固若金汤。

乐城作为乐会县县府，始建于元成宗大德四年，即1301年，距今710年，又经明、清、民国，有651年的风采，然1952年县府西迁，昔日的显赫，一时已沦为年渐衰退，城中的古貌难再觅见。

乐城毗邻博鳌，与亚洲论坛永久会址近在咫尺。优越的地理条件令人青睐，现已有开发商前来圈地。当然欢迎开发商进岛开发，这是加快乐城岛发展的必要条件。但如何开发乐城岛则是本文关心的问题。海南要建设国际旅游岛，乐城当然也要建成旅游岛，这点无人有异议。现在探讨的是乐城建成什么样的旅游岛？

无非两种选择：一是建成博鳌式的旅游岛，现代化高楼大厦，投资相对少，好管理，见效快。二是打造古城式的旅游岛。建议不要选择前者，若要选择前者，可另找荒岛。选择后者，当务是统一认识。若可行，做好规划。

乐城的古建许多已荡然，但仍有遗存。尤为明代青砖铺就的那条古街道，原汁原味，数百米长，这样完好的青砖古街道全国罕见。残存的半截城墙可令人想象当年蜿蜒高耸古城墙的雄伟。一个个硕大精美的莲花石础映出古县府的壮观。通往县衙的古官道宽阔，青石可见。衙前的风水月池清水涟漪，池边那口古井，至今井水凉冽甘甜。更有许多百年民居承载着乐城的风土民俗。乐城人1983年重修了城隍庙，引来一批批善男信女。乐城历史悠久，地下不知还埋藏着多少遗迹、文物。这些都印证了乐城历史文化积淀的厚重。

如果乐城发展方位定在打造古城式的旅游岛，那么，可否恢复当年的古建筑？在阴阳山顶重建古县衙，作为乐城岛博物馆。在原址上重建孔庙、观音庙、真武庙、文帝庙、天妃庙、华光庙、东关庙、西关庙、石角庙、天后宫、万寿宫、灵官堂、社稷坛、风云雷雨山川坛、名宦祠、乡贤祠等神庙宫观祠堂，并施之商业利用，还有儒学书院。

古商业街再现明清民国风貌。民国时期，古道两侧商铺林立，达250余间，货物种类齐全，物流发达，商业气息浓厚。如今不少骑楼商铺被拆除，取之为新式店铺。今后，青砖古道两旁的老房子应修旧如旧，不可随意拆掉，新商铺要按骑楼样式修建，现有欠般配的房屋加以改造，使之协调。总之，重振古街雄风。

乐城岛现有10个自然村，300多户人家。不少村民还住在老房子之中，这些房屋多是晚清民国时的建筑，是典型的海南民居。正堂上方的龛阁供奉祖先牌位，侧室夫妻房间有墙相隔，同房时男子需先出自门拜祖宗才能迈进女方屋，这些都见证着乐城岛的历史信息。老房子历经无数台风，百年不倒，其实属不易，是珍贵的文化遗产，最好一间都不要拆。

考察沿途，吴崇其会长不断叮嘱村长，请他把岛上散落的石础、石柱、石磨、椿米的石臼以及块头短薄的古砖收集起来，那都是宝贝！一路都是。

岛上村民建新房应按传统民居设计，内部装饰可以现代化，但房屋结构、外观应保持海南民居特色。鼓励村民届时开办家庭旅店。

与乐城岛隔河相望有留客村。民国年间，印尼华侨蔡氏几兄弟先后在此建起自家宅院，蔡氏民居现为全国重点文物保护单位。长兄蔡家森的豪宅建成于1936年，堪称琼岛上的一颗魂丽宝珠。该房取琼海砖石土木，进西洋钢筋水泥，融合客家文化与海外元素，建造得巧夺天工。那高墙围屋、四角的碉楼、防御的大门、射击的枪眼、锅耳式的墙垛、屋顶的透瓦，都是典型的客家特征。蔡氏家族从菁田渡海进琼，追溯先祖，是由河南迁徙福建，可谓正宗客家人。那双层楼阁、迴廊立柱、立体花盘、人头雕像、方窗上的弯眉，凝集了欧罗巴元素。那琉璃花窗、瓶型护栏、彩花地砖，又是南洋风范。那厅堂上方供奉祖先的龛阁又散发着琼海本土气息。中西合璧，土洋结合，美轮美奂。乐城岛不建高楼大厦，建造宾馆旅游区时，除取乐城传统民居式样外，是否也可考虑移植蔡氏民居，营建几栋蔡氏民居式宾馆？

　　打造乐城岛古城旅游，自然离不开绿色生态。岛上肥泥沃土、充沛水源，加之媚阳、明月、海风，是椰林、橡树、槟榔的生长乐园。

　　七百年的历程，七百年的积淀，使乐城岛蕴藏着丰厚的非物质文化遗产。乐城也是传承国家级非物质文化遗产《南海航道更路经》的一座岛屿。乐城岛的正月元宵节文化更具特色，喜庆非凡小年赛大年。乐城闹元宵，从正月十三起，到正月十六，迎神、打将、游灯、肥鸡敬神赛，热热闹闹四昼夜。正月十三，华光大帝二郎神巡街打先锋。正月十四，华光大帝与东关朝王、西关朝王、石角侯王集合城隍庙后，四小王巡游老街。正月十五白日打将，烧香点烛祭拜放鞭炮。晚上游灯，各种表演，唱通宵戏，行肥鸡敬神赛。正月十六晚，城隍爷爷被丁壮抬出，醒狮开道，在前呼后拥中亲自巡游，把元宵闹到极至。乐城岛闹元宵民俗申报国家级非物质文化遗产大有希望。

　　恢复乐城古貌，乐城岛就是再现乐城非物质文化遗产的一个大场所。打造乐城岛古城旅游，还可以把更多的海南非物质文化遗产项目引进至岛。友人在参加博鳌亚洲论坛之余，便捷地领略海南文化。民间传统文化，越是本土的，越具特色的，越是先进的，越是世界的。

　　旅游地理学杨冠雄教授著文激情说："乐城是万泉河中旅游含金量很高的一个小岛。"愿有识之士，方方面面，齐心协力，打造乐城岛古城旅游，促进社会主义新农村建设，使乐城明珠抹去尘埃，再现璀璨!（图版298）

2011年端午

图版298. 琼海

图298-1 乐城岛城隍庙

图298-2 乐城民居

图298-3 乐城老屋

图298-4 蔡氏围屋

图298-5 蔡家庄园

图298-6 王家宅院

图298-7 十柱房

图298-8 莲花础

图298-9 石狮

图298-13 椰胡传

图298-10 福寿椅

图298-14 祭

图298-11

图298-12 木椅

二、《附关于考察琼海历史文化有关情况的汇报》

附关于考察琼海历史文化有关情况的汇报

2011年5月26日，海南省卫生法学会召开成立大会，我从北京请来两位专家。其中有一位是原全国人大法工委的民法专家、著名的何山教授。何山教授是我国非物质文化遗产立法起草的专家之一。他在20世纪80年代就呼吁为保护我国的"非物质文化遗产"立法，20多年一直不遗余力，努力争取，终于立法成功，今年6月1日我国的保护非物质文化遗产法就要实施了。何教授的历史文化知识非常渊博，对历史传统文化保护方面的问题非常关注。到了什么地方，想看的只是历史文化，越是古老的东西，越是感兴趣。5月27日下午，卫生法成立大会闭幕后，我想带两位专家看看琼海，但何教授不愿意去，当时他跟我说，如果有时间去参观，就去东坡书院，东坡书院去不了，就去东郊椰林。不想去琼海的原因他没有直说，但我猜想，何教授在潜意识里是认为琼海没有文化，不值得浪费时间。我想这样著名的文化历史专家，对琼海都不了解，这是我们琼海人的失败。因此，更想动员他去看看。26日晚上，我电话求助杨厅长。在此非常感谢杨厅长。27日上午，杨厅长带着他2007年写的一份有关介绍乐城岛的材料到会场见了何山教授和吴崇其教授。就这样我们一行于27日下午四点到达博鳌索菲特住下后，又马不停蹄地奔向乐城岛，考察完乐城岛已是晚餐时间了，何教授问附近还有什么地方可看，我说还有蔡家宅，蔡家宅是国家重点文物保护单位。他说，不忙吃饭，先去看蔡家宅。这样我们又去了蔡家宅。从蔡家宅出来，已是晚上八时半，用完晚餐回到酒店是晚上10点半了。回到酒店后，何老对我说，他有一些想法，想跟当地的有关人员交流交流，并且还想再多看看有关的琼海历史文化。他说他相信还有很多宝地、宝贝你们"藏"起来了或是"丢"在路边了。我马上联系琼海文化局有关领导，在琼海文化局郑局长的帮助下，第二天我们一行又看了仙寨的王家大院，当然何老还想再多看看，但28日下午何老要返程回京。何老等人看了琼海这几个地方后，对琼海本土历史文化赞口不绝，提出不少建议。下面是我凭记忆记下的一些谈话内容。

何教授说："看了乐城岛，有许多感想。我前几年曾来过博鳌，是被邀请来国际会议中心做报告，也住在索菲特。他们向我介绍博鳌时，就讲有一个玉带滩，每次带去看的就是一块沙滩，上面什么文化也没有，没有什么可看。因此就不想来了，像索菲特这样的地方，在哪都有，不一定要来这里看。"

"真没有想到离博鳌这样近的地方，还有一个这样好的地方。这里的文化底蕴很厚重啊。""乐城岛四面环水，易守难攻，古人在这里建县衙，不需要挖护城河，在全国可能是独一无二的。这地方就非常有价值了。一定要把这里保护好，毁坏了心痛啊。"

关于如何保护乐城岛的问题，何山教授有不少建议。何教授说："开发和保护是没有矛盾的。开发的目的是什么，是要造福当地的老百姓。造福当地的老百姓，就要保护好文化。如果因为开发，把这里的文化中断了，对老百姓并不是好事，损失太大了。因此无论谁来开发，都要保护好文化，让文化传承下去。这是政府的责任。因此，政府一定要把开发的规划做好，只有符合规划的项目才能做。规划是政府批准的，政府要把好关，当地老百姓的利益政府一定要保护，把文化中断了，对不起后人。"

"乐城岛的开发，不能变成第二个博鳌，如果还搞像博鳌这种模式，那就没有意义了。人家来博鳌开会，住在博鳌，你对人家说带你去看一个地方，看了还是与博鳌一样，谁都不会去的。但你们把乐城岛做成琼海特色的本土文化，人家来这里住，你告诉人家，离博鳌不远的地方，有一个乐城岛，这是本土特色文化，有几百年的历史，那效果就不一样了。"

"建议通过开发，把古城原貌恢复，古城有官府，有商业街，有古道、有城隍庙等等。商业街你们可以按照商业街原来骑楼样子建造。琼海的民居很有特色，可以规划一块地方，按画册上的样子，专门集中展现琼海民居。古道，可以分不同年代来建造；那口官井，一定要保护好，要用文化去保护，发挥古井的作用。"

"这个地方不大，容易规划。如果规划好，将琼海有特色的本土文化汇聚在这里，带给你们的必定是滚滚财源。你们可以组织人去测算，把这块地卖出去，得到的钱是多少，但在保护文化的前提下开发，赚的钱是多少。老百姓会明白，政府也对得起老百姓。现在博鳌很有名气了，不用你们去宣传，来的人也会很多，但如果你们利用好博鳌的客源，宣传本土文化，让人知道博鳌是国际会议中心的同时，也知道琼海本土厚重的文化，有多好啊。"

"你们可以申报乐城岛古城文化保护，利用全国独一无二的地理位置做文章。你们现在申报乐城闹元宵的"非遗"项目很好，但要和乐城岛古城联系在一起做就更有意义了。"

"现在的乐城，地面建筑有价值的不多了，但地下有价值的东西估计会有许多。城隍庙边上那几个石枢，是从地下挖出来的，就有很高的价值。石枢做得很精致，上面还有莲花瓣，这些东西的年代是很久了，但由于海南这个地方台风的原因，可能房子用没多久，就倒了，被埋在地下，因此现在挖出来还是那么新，这在别的地方是见不到的。还有那两个石狮，也是从地下挖出来的，栩栩如生，太有价值了。地面如果是卖给开发商了，但地下的东西还是我们的，国家有法律规定。地下的文物谁都有保护的义务。因此现在就要用心去把地下的这些东西挖出来，保护好。不要被那些不懂的人、不心痛的人搞坏了。你们看这些石枢这么大，可以想象当时的庙宇、官衙是多么有气派。这条古街这样宽，在古代是少见到这样宽的街道的，可以想象当时这个地方是很繁华的。"

何教授和吴教授在乐城岛的路上一边走一边说"你们看，这里的路边，空地上，随便看一眼，都是宝。现在当务之急就是政府和当地的老百姓要尽快行动起来，挖掘、收集古代留下的这些古砖、古石枢、古文物等。把这些东西收好，以后建房子，尽量用这些古代的东西，就有价值了。特别是地下埋的，更要收回来，集中放好。都是宝啊！很有价值的。"同行的吴教授还问我，与琼海通电话是否方便，方便的话每周都打一个电话问问他们，动手收了没有，这周收了多少等等。

关于非遗保护的问题，何教授说，非遗就是知识产权，就是历史文化，要做好非遗保护。他说："你们申报乐城岛闹元宵这个国家非遗项目，很有特色，估计被批准的可能很大。你们在开发保护乐城岛时，好好利用这个非遗项目，文化的价值和意义就很大了。还有琼海民居也可以申报国家非遗的。再挖掘挖掘，还有哪些可以申报非遗的。如果非遗申报下来，又能集中在乐城这个地方展现，效果可想而知。"

何教授还说，你们要做乐城岛古城保护项目，可以先策划一个论证活动，也可请他做专家，他也会帮我们联系文化部的有关人员，动员他们来帮帮我们等等。

对于蔡家宅，何教授也有很多的感想。何教授说，"蔡家宅融汇的文化元素很多，有客家文化、西洋文化、琼海文化等等。在20世纪二三十年代，东南亚一带掀起一股风潮，在海外发财的华侨，都纷纷回家造大宅，广东、福建一带特别多。没想到海南也有这样的华侨。估计不只是蔡家宅，这是一股潮流，相信这个地方还会有的，要把这批文物挖掘保护好，做成项目开发，让人们知道这段历史。蔡家宅，虽然蔡家人只住了三年，但以后与这个房子有关的故事这么多，你们可以把这些故事收集起来，日本人在这里干什么了、国民党干什么了、共产党干什么了、当地的老百姓又在里面干什么了等等，总之，蔡家宅可以拍成电视宣传片。还有蔡家后面这两棵大树，太神奇了。现在这个老伯还健在，（注：我们在看蔡家宅时，有一位老伯听说我们是北京来的客人，就主动过来给我们当讲解和向导）知道与蔡家宅有关的这么多事，如果这代人不在了，文化也就要断了。如果蔡家宅是在浙江、山西等地，不知道带来的经济效益有多大了，这里离博鳌这么近，客源是不用愁的。有文化内涵的资源是有生命力的。"

同行的吴教授这两天反复地对我说一句话，"一定要想办法，把像蔡家宅这样的'僵尸复活'，'僵尸'只有变成'活人'，才有生命，才会带来财源。"吴老对我说，"何老是研究历史文化的，古老的东西他一眼就能看出价值多大。我关注的是经济、社会问题。我想得更多的是如何发挥历史文化的作用，让历史文化造福后人。"

对于仙寨的王家大院，何教授也给予很高的评价。这个村有一家房子，琼海人叫十柱室。何教授说，这是宋代的建筑风格，全国已经很少见了，但没有想到这里还有保留。这个村里还有很多的文物，都是好东西。如栓马石、石龟、乾隆提字的石碑，还有一个椰雕二胡的传承人，已经被批准为海南省非遗传承人了。何教授说，要报国家非遗也是有可能批准的。

何老和吴老在机场与我道别时还反复对我说，琼海的文化很丰富，很厚重，要好好保护、开发、利用。把规划做好，道路修好，宣传做好，财源就打开了。

黄妹

2011年5月28日

图版299.海南风情

图299-1

图版300.海南非物质文化遗产

图300-1 苗族祖图

图300-2 钻木取火

图300-3 火

图300-4 制陶法

图300-5 制陶

图300-6 烧陶

图300-7 土陶

图300-8 陶器

图300-9 双连陶罐

图300-10 陶罐

图300-11 砖瓦

图300-12 陶屋

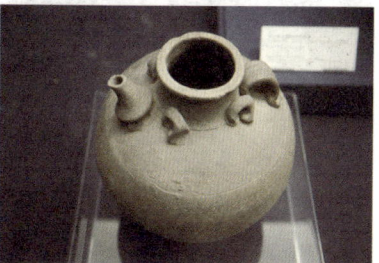

图300-13 陶人面像

图300-14 珊瑚人

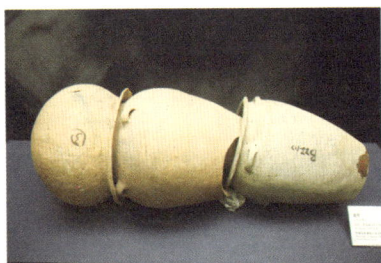

图300-15 瓮棺

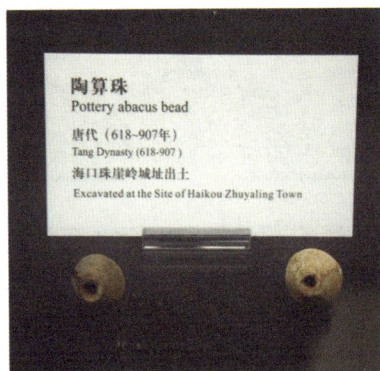

图300-16 唐陶算珠

图300-17 宋白釉刻花碗

图300-18 宋鸡头瓶

图300-19 青瓷瓶

图300-20 龙罐

图300-22 茶叶末瓶

图300-21 清博古瓶

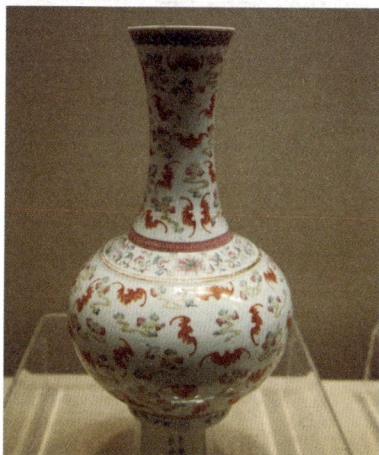
图300-23 矾红描金云福纹瓶

图300-24 独木舟

图300-28 圈椅

图300-25 帆船

图300-26 龙头

图300-29 竹编

图300-27 木笔筒

图300-30 竹篓

图300-31 四耳铜釜

图300-32 铜鼓

图300-33 黎族树皮衣制作流程

图300-34 织黎锦

图300-35 踞织机

图300-36 织锦

图300-37 织锦机

图300-38 杞方言人纹图

图300-39 人锦

图300-40 人形锦

图300-41 人纹锦

图300-42 人屋锦

图300-43 人树锦

图300-44 黎族女孩服饰

图300-45 黎帽

图300-48 老妇衣裤

图300-46 围巾

图300-49 黎族少女

图300-47 筒裙

图300-50 黎女

图300-51 黎族服饰

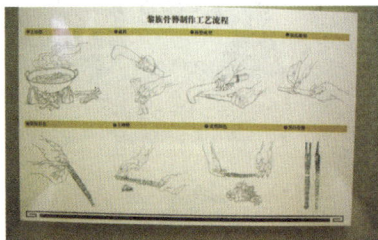

图300-52 黎族骨簪制作工艺

图300-53 骨簪

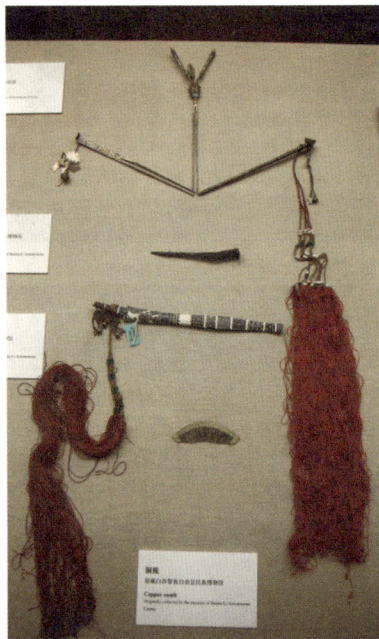

图300-54 饰物

图300-55 胸饰

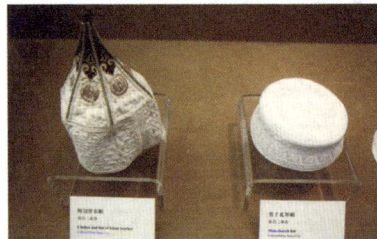

图300-56 阿訇穿衣帽

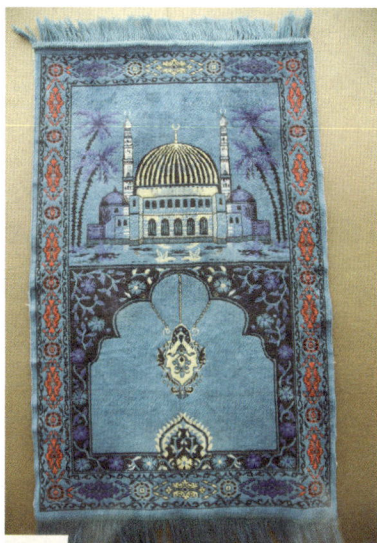

图300-57 伊斯兰壁毯

图300-58 走马排子乐谱

图300-59 竹制吹管乐器

图300-60 椰胡

图300-61 锁钠

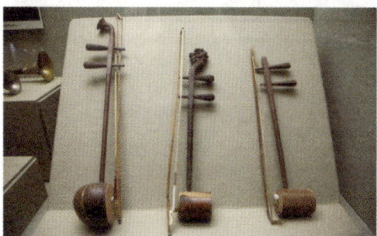

图300-62 木偶

图300-63 红脸

图300-64 花脸

图300-67 酿酒

图300-68 黎医

图300-65 琼剧

图300-69 中药

图300-66 赛龙舟

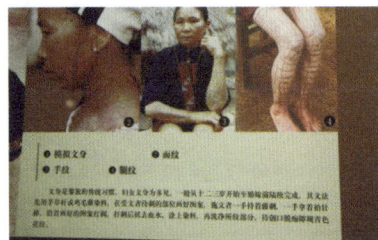

图300-70 纹身

图300-71 铁拐李

图300-72 铜弥勒

图300-73 老街

图300-74 铺

图300-75 海瑞

附文一：

尊敬的崇其会长和河山教授：

顷接由黄妹教授转来你们端午节写成的大作，当即迫不及待地拜读了起来。大作写得甚好，相信是能够引起人们对如何保护好这处历史文化遗迹的重视的！

像乐城岛这样一个以江心岛为载体的历史古县城，诚如你们所指出的是全国绝无仅有的一处，恐怕可以看作是我国极为珍贵的也是甚为重要的一处历史文化遗存了吧！

由于受到专业的限制，我一直都无法促成从国家文物保护的层面上对乐城岛的历史文化遗存进行保护，就只有通过推动发展旅游的办法来促成对其进行保护方面来做些努力了。

早些年，我写出了一篇题为"乐城岛畅想"的长文，后被"琼海通讯"以两个全版的版面刊出。前不久见面中送给你们的那个复印件即是。

其后，我一直都在尽力奔走，希望能将整个乐城岛建成一个以古县城文化为核心的乡村旅游主题公园。我想，若能做成此事，对做好乐城岛古文物的保护，也应当是一种有效的途径了吧！

尽管有企业界朋友对这个想法十分赞赏，也很愿意积极参与，但由于种种原因，此事最终还是没有能够做起来。

去年，当有人宣布要在乐城岛上做一个"太阳与水"的大型开发项目后，海南日报记者对我做了一次专门的采访。

随后，海南日报在其周刊上，先是用一个整版对该项目做了大篇幅的报道；接着又用一个整版发表一篇题为"乐城古韵今犹存"的记者文稿，同时以"我国著名旅游地理学者、原中科院地理研究所研究员杨冠雄认为"的眉题，报道了我针对乐城古文化的保护和利用乐城岛进行项目开发等问题所提出的见解。现送上从网上下载的此则报道，敬请一阅。

十分感谢两老对乐城历史文化遗存的高度重视，并对做好其保护给予的宝贵指导！

　　顺颂

　　夏祺！

杨冠雄 谨上

2011年6月10日

附文二：

尊敬的杨教授：

　　我四次走东线。博鳌的现代化会场、兴隆"变性人"低俗的表演，给我留下难以抹去的印痕，难怪黄妹教授看出我不愿去琼海。然与您的相见、您的大作吸引着我们必往乐城。

　　更愿您的慧眼卓识早日成为现实。我想能否先请黄妹老师联络，我们大家形成一份利用博鳌盛名振兴琼海文化的专家意见书。全面考察一下当地本土风情，以乐城岛为龙头，沿流淌的万泉河，打造一条琼海文化旅游带，让博鳌的来客也能多留几日。愿我们携手努力，提高相关方面更加重视，统一认识，做好规划，绘制蓝图，以弘扬本土文化，带动琼海朝国际旅游岛方向大步向前。

　　留住琼海本土文化，功在当代，利在千秋，切不可处处造博鳌。哪都有太阳，哪都有水①，然江心岛上的古县衙唯我乐城！

　　祝夏安！

2011年6月11日

三、《打造万泉河文化生态保护区》

打造万泉河文化生态保护区

　　2011年12月16~22日与吴崇其老师赴海南，参加杨冠雄老师主

---

① 杨文中有"有人宣布要在乐城岛上做一个'太阳与水'的大型开发项目"句。

持的"建立万泉河文化生态旅游带"课题组图（图301-1），再次探寻琼海丰厚的文化底蕴，领略万泉河文化。

途中絮叨，着力打造万泉河文化生态保护区。

《非物质文化遗产法》第二十六条中规定："对非物质文化遗产代表性项目集中、特色鲜明、形式和内涵保持完整的特定区域，当地文化主管部门可以制定专项保护规划，报经本级人民政府批准后，实行区域性整体保护。"这是非物质文化遗产文化生态保护区的规定。非物质文化遗产文化生态保护区，是对非物质文化遗产实行区域性整体保护的特区。在非物质文化遗产代表性项目集中、特色鲜明、形式和内涵保持完整的特定区域建立非物质文化遗产文化生态保护区，是保护非物质文化遗产的良好机制。自2007~2010年，我国相继设立了闽南文化、徽州文化、热贡文化、羌族文化、客家文化（梅州）、武陵山区（湘西）土家族苗族文化、海洋渔文化（象山）、晋中文化、潍水文化、迪庆文化十个国家级文化生态保护实验区。

千百年来，万泉河融中原文化、闽南文化、东南亚文化，形成了本土独特的万泉河文化。建议琼海联络万泉河流域县市，向海南省申报建立万泉河文化生态保护区。

万泉河文化在琼海有鲜明的特征：

诸如琼海古民居，可申报琼海古民居营造技艺的非物质文化遗产。琼海古民居有两种形态，一是传统民居（图301-2、图301-3），二是中西合璧的民居（图301-4、图301-5）。

琼海至今留有大量古村落（图301-6、图301-7、图301-8），成片传统民居。例如乐城岛（图301-9）上，留有10个自然村，不少村民还住在老房子之中，这些房屋多是晚清民国时的建筑，保存尚好。乐城衙门始于元大德四年，有652年的辉煌历史，又是全国唯一在内河岛屿上建造的古县衙（图301-10、图301-11），实应恢复其昔日风采。温泉镇石角村的王家大院更是夺目，这是新加坡大贾王绍经的旧居（图301-12、图301-13、

图301-14、图301-15、图301-16）。大院呈"同"字建造，颇有特色。若王氏光彩，其居堪可申报全国重点文物保护单位（图301-17）。还有仙寨村的王家大院（图301-18）、古调村的覃家大院（图301-19、图301-20、图301-21）等等。

琼海的传统民居吸纳中原、闽南民居元素，内外又有自身特色。房屋内部，正堂上方的龛阁供奉祖先牌位，侧室夫妻房间有墙相隔，同房时男子需先出自门拜祖宗才能迈进女方屋。民房外在与众不同处明显有三：一是房脊两边的翘头（图301-22），龙四子螭吻（图301-23、图301-24）被异化，现呈龙翅状，美观、显势、避邪。二是屋顶前沿有一灰垒横梁压瓦（图301-25），别处未见。三是屋沿前伸，遮阳挡雨。屋沿下有若干砖砌方柱支撑（图301-26），砖柱与屋沿、房墙之间上垒一拱形砖壁，使三者紧密相联，坚固牢靠，防台风掀顶。这些老房子历无数台风，百年不倒实属不易，营造技艺是珍贵的文化遗产，最好一间都不要拆。

中西合璧的民居，当数留客村的蔡家宅，现已被国务院列为全国重点文物保护单位（图301-27）。民国年间，印尼华侨蔡氏几兄弟先后在此建起自家宅院。长兄蔡家森的豪宅建成于1936年，堪称琼岛上的一颗瑰丽宝珠。该房取琼海砖石土木，进西洋钢筋水泥，融合客家文化与海外元素，建造得巧夺天工。那高墙围屋、四角的碉楼、防御的大门、射击的枪眼、锅耳式的墙垛、屋顶的透瓦，都是典型的客家特征。蔡氏家族从菁田渡海进琼，追溯先祖，是由河南迁徙福建，可谓正宗客家人。那双层楼阁、迴廊立柱、立体花盘、人头雕像、方窗上的弯眉，凝集了欧罗巴元素。那琉璃花窗、瓶型护栏、彩花地砖，又是南洋风范。那厅堂上方供奉祖先的龛阁又散发着琼海本土气息。中西合璧，土洋结合，美伦美奂（图301-28、图301-29、图301-30、图301-31、图301-32）。像蔡家宅这样的中西合璧民居，琼海还有多处，其营造技艺无疑属非遗。

留客村（图301-33、图301-34、图301-35、图301-36）自

元代建村，迄今已有六七百年的历史，全村的古民居筑落在椰槟绿阴之下花草丛中，更有六座保留完好私家码头。这样的村庄，怎能不申报历史名村？

非物质文化遗产，不仅含非物质的文化遗产，也包括物质的文化遗产，即作为载体的实物。申报琼海古民居营造技艺的非物质文化遗产，可以同时保护琼海古民居，使古民居得到法律保护。村民建新房提倡按古民居样式，政府并以奖励引导。

又如，琼海丰富多彩的传统民俗。

琼海的南海航道更路经已是国家级非物质文化遗产。更罗"立北海各线更路相对"，"立东海更路"。一更约10海里。琼海潭门渔人凭更路簿到南沙、西沙作业，张扬着祖国的领海。

乐城岛的正月元宵节文化喜庆非凡，足以申报国家级非物质文化遗产。乐城闹元宵，从正月十三起，到正月十六，迎神、打将、游鱼灯、肥鸡敬神赛，热热闹闹四昼夜。正月十三，华光大帝二郎神巡街打先锋。正月十四，华光大帝与东关朝王、西关朝王、石角侯王集合城隍庙（图301-37、图301-38）后，四小王巡游老街。正月十五白日打将，烧香点烛祭拜放鞭炮。晚上游鱼灯，各种表演，唱通宵戏，行肥鸡敬神赛。正月十六晚，城隍爷爷被丁壮抬出，醒狮开道，在前呼后拥中亲自巡游，把元宵闹到极至（图301-39、图301-40、图301-41）。

其他村镇的民俗也各有特色。会山苗寨"三月三"，人们穿盛装，打裹腿，拉乌龟，吃五色饭，载歌载舞。嘉积镇南中村的舞龙队，巨龙、叠龙、盘龙闹元宵。天堂镇的赛龙舟。琼海的节多。军坡节，纪念冼夫人，法师穿权游街。安龙节，上刀梯，过火山。还有琼海的放水灯，放天灯。

再如，琼海的风味佳肴别具特色。嘉积鸭与东山羊、文昌鸡齐名，并列为海南三大名菜。鸡矢藤粑仔源于琼海，周岁过生日吃对岁粑，还有椰子糯米粑、山薯汤、白切温泉鹅。民以食为天，老祖宗给琼海人留下的美食技艺（图301-42、图301-43、图301-44）当属非物质文化遗产。

特别要一提的是槟榔皮鞋。琼海的红色文化显赫。在中共琼崖特委会议纪念室，在红色娘子军（图301-45）展馆，见到当年红军穿的槟榔皮鞋，这是用槟榔皮做的鞋（图301-46）。海南黎族的树皮衣已是国家级传统手工技艺非物质文化遗产，有衣服还得有鞋，琼海的槟榔皮鞋恰好是海南的传统手工艺制鞋，可谓是地地道道的国家级非物质文化遗产。赶快保护这一珍贵传统工艺，确立传承人代表，使之发扬光大。

著者的感慨又油然而生：若将槟榔皮鞋这一非物质文化遗产今用，制成一次性槟榔皮拖鞋供宾馆使用，是何等的市场！让非遗转化生产力，多样式多档次多品种，一开发二生产三推销，既廉价又绿色还文化，槟榔皮拖鞋打天下（图301-47）。

《非物质文化遗产法》在总则中规定："县级以上人民政府应当将非物质文化遗产保护、保存工作纳入本级国民经济和社会发展规划，并将保护、保存经费列入本级财政预算。国家扶持民族地区、边远地区、贫困地区的非物质文化遗产保护、保存工作。"第37条规定："国家鼓励和支持发挥非物质文化遗产资源的特殊优势，在有效保护的基础上，合理利用非物质文化遗产代表性项目开发具有地方、民族特色和市场潜力的文化产品和文化服务。""县级以上地方人民政府应当对合理利用非物质文化遗产代表性项目的单位予以扶持。单位合理利用非物质文化遗产代表性项目的，依法享受国家规定的税收优惠。"愿琼海政府早日开发、扶持槟榔皮拖鞋产业。本次考察迸发的火花也促使著者萌生出赴琼海办实业的奢望，欲与琼海有此志之士，创立万泉河槟榔皮拖鞋厂，以小小的智力成果为琼海的腾飞献微薄之力，与琼海人并肩弘扬槟榔皮鞋制作技艺这一非物质文化遗产。

琼海资源富饶，文化积淀厚重，还有诸多非物质文化遗产，如椰胡（图301-48）、琼剧、文教兄弟传说（图301-49）、琼海话（图301-50）等等。

申报万泉河文化生态保护区程序复杂，也可先行上述非物质文化遗产。弘扬万泉河非物质文化遗产！

图版301.琼海民居

图301-1 课题组

图301-2 传统民居

图301-3 木房

图301-4 木房

图301-5 木房

图301-6 木房

图301-7 珊瑚石砌的墙

图301-8 乾隆井

图301-11小青砖铺就的古街

图301-12 王氏民居

图301-9 万泉河中的乐城岛

图301-13 资政第

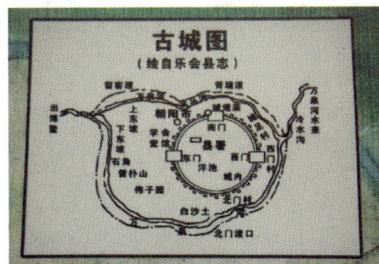

图301-10 乐城县志图

图301-14 王家宅院

图301-15 王宅

图301-16 木窗

图301-17 琼海市文物保护单位

图301-18 王家大院

图301-19 围屋

图301-20 文革遗迹

图301-21 忠

图301-22 翘头

图301-23 螭吻

图301-24 龙子

图301-25 横梁压瓦

图301-26 砖柱

图301-27 蔡家宅

图301-28 蔡氏宅

图301-29 蔡家

图301-30 碉楼

图301-31 华堂聚和

图301-32 寿星电话

图301-33 留客村

图301-34 留园

图301-35 庭院深深

图301-36 留客

图301-37 城隍庙

图301-38 祭城隍

图301-39 正月十五

图301-42 肥鸡展

图301-40 闹元宵

图301-41 切

图301-43 炸

图301-44 酸菜炖肉

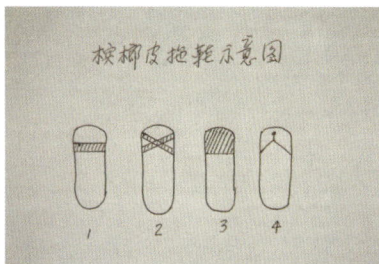

图301-47 槟榔皮拖鞋示意图

图301-48 椰胡

图301-45 红色娘子军连成立地

图301-49 文教兄弟庙

图301-46 槟榔皮鞋

图301-50 琼海话

第五节　其他

还写了些，不分类了，按时间排，图文并茂，都堆在这节。

一、就大河村"土水泥"给××省长的信

××省长：

您好！

在参观大河村遗址中，我为它的"木骨整塑"所震撼，也为一块类似混凝土的文物所疑惑。这块文物在展厅中陈列，讲解员说是屋内的地面铺垫物。其下层似火烤过的泥巴，中间似约2厘米的沙质沉淀物，上面抹有一层薄薄的类似水泥样的物质，也有点像砖质的烧制物，表面抹得很光滑。中层的沙土似掺了上层类似水泥、砖样的物质，使该沙质沉淀物呈灰黑色。疑是大河先民发明了混凝土类的建筑材料。

意大利之所以创造了"罗马斗兽场"等世界奇迹，赖于古罗马人发明了混凝土的建筑材料。现代科学家用一定比例的火山灰、沙和水，好像还加石灰，再现了古时混凝土。大河村的这块文物若是混凝土，将是何等的意义！

建议×省长请建材、考古专家等有关部门鉴别一下这是块什么物质。若不是混凝土，立个说明牌解释一下，也增加观赏的兴趣。以上意见不一定对，仅供参考。

此致

敬礼

何山

2002年5月21日

今记：据说省长重视民意，还询问过大河村博物馆长，回答是：那时候哪会有水泥。说也巧，一年后我竟看到《5000前古人制出"混凝土"》一文，当时我就把它抄了下来，以示我说大河

图版302. 土水泥

图302-1 新郑土水泥

村的土水泥不是胡思乱想。又在2007年，我到新郑博物馆，在一块展品上，标着土水泥的说明牌。下文是我2004年的抄录。（图版302）

附

约在2003年，可能是《参考消息》，转载了《科学发现报》的一文《5000前古人制出"混凝土"》。

文章说：1978年，考古人员在甘肃天水秦安县大地湾遗址发现了一片130平方米的坚硬平滑地面。专家鉴定，这块灰青色地面含有与现代混凝土相同的硅酸钙成分，且每平方厘米的抗压强度在120公斤。大地湾人在打磨石器的时候，不断有碎石和粉末产生，为了防止摩擦发热和钻孔打滑，人们不断地往石器上加水和沙子，无意间，石粉、沙子和水混合产生凝结，原始的混凝土被偶然地发明了。5000年前的大地湾人就制作出混凝土，在建筑中运用，它让世界震惊。这一技术还流传下来，至今当地仍有沿用土法生产混凝土。

2004年6月16日抄录

二、 《是"身分证"而不是"身份证"》

是"身分证"而不是"身份证"

一、古代有身分一词，无身份二字

我国古代，汉语词汇中有身分辞语，从无身份字样。例如，北齐颜之推《颜氏家训·省事》："吾自南及北，未尝一言与时人论身分也。"金·董解元《西厢记》卷七："行一似擫老，坐一似猢狲。甚娘身分！驼腰与龟胸，包牙缺上边唇。"《水浒》第二三回说武松"把那打虎的身分拳脚，细说了一遍。"《红楼梦》第四七回："因他年纪又轻，生得又美，不知他身分的人，都误认作优伶一类。"《儒林外史》第三四回："这高老先生虽是一个前辈，却全不做身分，最好玩耍，同众位说说笑笑，并无顾忌。"在《宋书·王僧达传》、明陶宗仪《辍耕录·写山水诀》、《金瓶梅词话》、《初刻拍案惊奇》等文卷中也有身分二字。

二、法律中的身分一语，传统写法是身分

法律中有身分一词，如民法的身分关系、身分权、身分法，行政法的身分证。身分是法律语言的传统写法，而不是身份。例如，1936年初版、1972年台湾二版的王云五《增订重印法律大辞书》有身分辞条，解释曰："在公法上及私法上之资格皆称曰身分，例如甲被命为县长时，其身分为公务员，男与女结婚后，其身分为夫与妻皆是。"史尚宽的《民法全书》多处出现"身分"二字，而无"身份"，梅仲协、郑玉波民法著作中用的是"身分"。佟柔、赵中孚、郑立、杨大文、刘素萍1982年编的《民法概论》也为"身分权"。

三、身份是身分的异形词

身份的写法出现于20世纪。由于分字有"fēn"、"fèn"两个读音，在读"fèn"时，常被人们俗写为份，身份一词就这样地出现了。因此，身份是身分的俗字、异体词。1985年制定的居民身份证条例恐未考究就将这种不正规的写法登上大雅之堂。

法律的影响是巨大的。举《辞海》为例。1936年初版的《辞海》有身分条目，为"凡人在社会上之地位，法律上之资格，统谓之身分，如官吏之身分，家长之身分。"商务印书馆1979年版的《辞海》有身分辞目，无身份字样。1999年出版的《辞海》普及本在身分的解释中加了"亦作'身份'"几字。1985年后的不少法律书籍也都将身分权写为身份权。

四、分（"fèn"）、份是有区别的

分（"fèn"）、份在汉语中有各自的规范。《现代汉语词典》对份字的解释是：（1）整体里的一部。（2）量词。（3）用在省、县、年、月之后，表示划分的单位。对分（"fèn"）字的解释是：（1）成分。（2）职责、权利等的限度。（3）情分。（4）同份。第（4）项的解释是分可以同份，而不是份可以同分。

记得20世纪50年代，笔者有一个学习板夹，上面印着1956年国家颁布的第一批汉字简化表，表中有"分（份）"字样。就是说，分是份的简化字，分可以取代份，而份不能取代分。《新华字典》也是同样的解释。

语言文字是有发展的，既然分（"fèn"）、份的读音相同，能否"与时俱进"，用份取代分呢？答案是不能。原因在于历史形成了分（"fèn"）字的习惯用法，必须尊重这一事实。例如，部分的分只能写作分，不能写为部份。又如处分，不能写成处份。再如分子与份子，只能是知识分子与凑份子，不能写成知识份子与凑分子。再者，份比分字多两划，以份代分不符合简化字原则。汉字源远流长，有自身延续规律，不能随意改动，《汉语大字典》中的分（"fèn"）字有12个义项，份字想取代分恐也是望尘莫及的。

五、国家正在规范分、份的异形词

份字既然不能取代分，就应因势利导，规范分、份的异形词。目前，鉴于异形词给汉语言文字带来混乱，国家有关部门正开始规范异形词，引导大家不要再用异形词。2002年3月31日，教育部和国家语言文字工作委员会公布了《第一批异形词整理表》。其中，分、份是被规范得最多的异形词。表中明列了"辈分—辈份"、"本分—本份"、"成分—成份"、"分量—份量"、"分内—份内"、"分外—份外"、"分子—份子"、"过分—过份"等。""中，破折号前的为推荐使用词型，破折号后的为异形词，建议不再使用。

第一批异形词整理表中规范了这么多分、份的异形词，而没有"身分— 身份"，想必与居民身份证条例有关。

六、身份证应改为身分证

法律语言应当十分准确，格外讲究。民事诉讼法就有明例。1990年的民事诉讼法草案曾有迳行判决一词，经查，迳是径的繁体字，故改作径行判决。回避一词，有人说电影中有迴避木牌，迴已简化为回字，是为回避。

法律难得改一次，借今日修改居民身份证法，建议将身份证还本为身分证，考虑摒弃身份证用法，维护法律用语的严谨。

何山

2003年6月20日

三、《发掘花山文化　打造宁明旅游经济》

发掘花山文化　打造宁明旅游经济

花山文化是以花山崖壁画为核心内涵的民间传统文化。花山崖画是全国重点文物保护单位，它位于广西宁明明江河畔花山的陡峭崖壁上，许许多多赭红色的蛙状人显出神秘姿态，整个崖画长达170多米，面积8 000多平方米，甚为壮观。花山崖画创作于战国至东汉年间，由古骆越人绘制。崖壁画在左江流域的宁明、龙州、崇左、扶绥等地都有遗存，共600多处，唯花山崖画规模最大，在世界范围内亦堪称精品。

2004年5月8日，笔者观看了花山崖画，触景生情，既为花山崖画所震撼，又为当地人未能有效利用这一瑰宝而遗憾。晚饭席间，即与冯恒主任和宁明人大同志探讨开发挖掘花山文化，振兴宁明旅游经济。

一、拆除大水泥板，恢复崖画生态

明江河上凉风习习，但崖画下却酷热难忍，一打听方知脚下是块水泥板。花山崖画管理处在壁画下修筑了一大块水泥地面，游人是方便了，崖画却遭罪了，活人闷热难受，蛙人定是苦不堪言。水泥板割断了明江水面与花山崖画的天然联系，使崖画不能顺畅地接受明江水汽的滋抚，生态环境遭破坏，又使水泥板上方的崖画较他处明显剥脱。水泥板应当拆除，或者改造成桥状，留有间隙，让明江水汽再浴蛙人。

二、重现崖画对岸场景

笔者注意到崖画对岸是一片平坦宽阔的场地，花山崖画规模宏大，恐怕和这片场地有关。这片场地较沿岸其他地方平整开阔，利

于骆越人集会活动。集会越多，对岸崖壁上的蛙人也越画越多，崖画越大，也令对岸人观看得更清晰，更加激奋人心。想必当年骆越人在这里手舞足蹈，祭祀神灵，崖画上那尊硕大蛙人，更是古人膜拜的神圣。今日若请花山村民重现当年祭祀场景，岂不也能吸引游客。游人站在岸边，隔江观看花山崖画，不乏令一番感受。

三、挖掘骆越民族史料

组织学者全方位研究骆越民族史，如蛙人与青蛙图腾，又如骆越民族与壮族，再如闽越人、僰人、巴人在崖缝中搁置悬棺是否与骆越人在崖壁上作画的习俗有关。研究骆越民族史是开发花山文化的基础。

四、建筑花山文化园

下龙湾有座越南文化园，园中有博物馆可参观，也有热带植物、民族歌舞、水上木偶、斗鸡等，旅客白天"海上桂林"游，晚上娱乐文化园。越南的创意可以借鉴，不妨在宁明蓉锋塔附近修座花山文化园。园内可展示花山文化：

花山崖画博物馆

内蒙古包头博物馆内的岩画馆十分精美，可以效仿建座崖画博物馆。馆内再现骆越民族，展示左江崖壁画，解读花山崖画。

花山珍奇植物园

将宁明的奇花、异草、珍贵树木移入园内，供人观赏。

花山舞

笔者曾在1991年出版的《著作权法概要》一书中写道："广西宁明的山崖上，有一组蛙状人群舞蹈的岩画，它是两千多年前祭祀舞的阵式图，而今天峨县的蚂拐舞正是岩画中舞蹈的再现。"考古专家难以解释花山崖画人的姿式，舞蹈专家认为这是祭祀舞姿。舞蹈专家在天峨看到村民表演蚂拐舞，惊叹是花山崖画的再现。蚂拐舞的渊源在花山，花山蚂拐舞定是迷人歌舞。

花山宴

参照秦汉饮食和壮族食谱，开发花山宴，如蚂拐饭、花山野菜、花山狗肉、花山酒，款待来宾。

花山涂料

花山崖画色彩鲜艳，千年不褪，得济于它的矿物涂料。今人破译出这种涂料是用赭石、骨胶、动物血配成，如今何不将赤铁矿、骨胶、动物血再配，制成花山涂料，以作为工业涂料，或者民用。

花山图书、工艺品

出版花山崖画书籍、画册。

按照花山崖画蛙人图像，用竹、木、石、陶、塑料等材料制成蛙人，将蛙人织在壮锦、绣在挎包、挂在钥匙链、绘在日用品，供游人选购。

与大新协作，把德天瀑布的游客请到花山。

旅客白天花山崖画游，晚上娱乐花山文化园。吃、住、行、游、乐、购一条龙，把人留在宁明，消费在宁明。

五、花山文化知识产权

花山崖画是老祖宗留下的珍贵文化遗产，今天要用知识产权保护、弘扬花山文化。

左江沿岸人民对花山崖画的蛙人造型和赭石涂料配方享有民间传统文化权，宁明应当充分利用这些资源，发展经济。他人若以营利目的使用，应当经许可并支付报酬。

对于花山二字和蛙人造型，应当注册商标。花山商标与普通商标不同，它的注册权只能属于宁明人民，不能由个体户、某一企业注册，实践中可由宁明人民的代表机构注册、享有，可授予他人使用。宁明的土特产如八角，冠上花山商标，可能会更有销路。

六、营造花山文化环境

今日宁明，似缺少花山文化氛围，到宁明，难以看出与其他地方的区别。其实花山文化蕴藏着巨大的精神财富和物质财富，宁明应当打造花山文化氛围。打造花山文化，除前述内容外，能否还从多方入手：例如可否将宁明改为花山，犹如中甸县改作香格里拉县。又如在明江河桥头矗立蛙人造像，这种雕塑应采用花山崖画的蛙人抽象艺术形像，花山崖画处的《花山魂》让人感觉过于实写了，缺乏艺术感，还可以把秦汉时期的骆越人雕塑得像原始人。再如其他细节，县政府门前的狮子改作威武的蛙人，县委楼内的黄果树瀑布画改作花山崖画，招待所餐厅的黄山迎客松照片改作花山崖画摄影，用花山宴招待来客等等。让人们一到宁明，就能处处感受花山文化的氛围。（图版303）

2004年5月16日

四、《让凤凰亮起来》

让凤凰亮起来

一位老将军说，长征路上有两座小城最美，一座是凤凰。老将军所言非虚，凤凰很美。人说凤凰夜景也美，端起相机，一测光，亮度不够。沱江两岸仅靠灯笼照明，亮度自然不够。倘若江畔吊脚楼都镶上轮廓灯，像虹桥和北城门那样，夜景将是何等的美。让凤凰亮起来！（图版304）

2006年6月6日游凤凰

五、给凤凰古城雷馆长的一封信

雷馆长：

您远见卓识，弘扬凤凰文化，留住精神家园，功在当代，利在千秋。

2006年6月6日那天参观您的建筑，略感新建部分与陈氏家院反差大了些。能否按陈家宅院色调建新馆，使新建部分与老宅门浑然一体，让游客看不出在参观新博物馆，仿佛仍在游览陈家大院。

愿您把凤凰古城博物馆建造得更有特色！（图版305）

河山
2006年6月12日

图版303. 花山岩画

图303-1 花山岩画

图版304. 凤凰

图304-1 凤凰

图304-2 沱江

图304-3 皖楼

图304-4 万名塔

图版305. 古城博物

图305-1 草龙

图305-2 陈氏大院

图305-3 城楼

图305-4 城砖

图305-5 崇德堂

图305-6 浮雕

图305-7 汉罐

图305-8 福禄寿九十百千

图305-9 宫阙

图305-10 郭子仪拜寿

图305-11 姜太公钓鱼

图305-12 绛甲宏开

图305-13 经传纱幔

图305-14 金漆木雕

图305-16 鹿腿

图305-15 鹿

图305-17 牡丹木窗

图305-18 木雕

图305-19 南长城

图305-20 钱透窗

图305-21 山寨

图305-22 人物

图305-23 人物

图305-24 狮

图305-25 唐城楼

图305-26 文王访贤

图305-27 听

图305-28 望子成龙

图305-29 望子成龙

图305-30 喜上枝头

图305-31 小轿

图305-32 仪

图305-33 战

六、图瓦人的木屋不能拆

八月的盛夏，与巴局长一行游喀纳斯，人人都赞美那里的青山绿水蓝天白云。但也听说，当地管理局让图瓦人迁出喀纳斯景区，图瓦人不愿迁。图瓦人世代生活在喀纳斯，保存着图瓦人古老的文化。例如，图瓦人的语言传承了古突厥语，是我国现存的珍稀语种。又如，叶尔德西老人演奏的草笛"苏尔"令许多游人陶醉，这种乐器是我国古代"胡茄"的遗存，堪称中国音乐的"活化石"。喀纳斯美，不仅是自然风光的美，更有人文景观的美。让图瓦人搬迁，游人领略不到图瓦文化，不是高明之举。愿有关方面考虑，从构筑和谐社会出发，不要强做图瓦人不愿做的事，因势利导，让图瓦人的木屋、服饰、音乐、生态，构筑喀纳斯一道亮丽风景线。（图版306）

2006年9月18日

七、让古驿站内造型走回塔什干 构筑石头城

塔什库尔干有着美丽的高原冰山风光，丰厚的塔吉克文化。塔吉克的发展靠什么？靠农业，庄稼难长；靠畜业，牧草有限；靠工业，高山阻路；靠边贸，边疆关系尚不松弛。脱贫致富，发展塔吉克，旅游业应当是经济增长的亮点。发展旅游，需有特色。塔吉克是鹰的民族，鹰的文化当是最有特色。

再说直观的建筑。塔县的建筑，现多是汉新式房屋，火柴盒式四方块，与他地千篇一律，缺乏特色。塔什干建筑的传统特色有什么，一有塔吉克式民居，二有古驿站，三有石头城。塔吉克民居是塔吉克人适应塔什库尔干高原的建筑，别再拆了，多保留些这种特色民居吧！古驿站是两千年前汉时留下的建筑，其内部造型非常有特色，圆拱型伸出高高的尖，似罗马式建筑，也似巴洛克式建筑，还似伊斯兰式建筑，还用它装饰塔什干的建筑，或立体，或平面，都很美。这是塔什干古人给我们留下的遗产，为什么不能让古驿站的建筑内型走回塔什干。塔县有古石头城，塔县城也号称石头城，

既然叫石头城，就应用石头盖房子，塔什库尔干有的是石头，若能建成真正的石头城，塔县将多有特色！（图版307）

2006年9月

八、《万千土楼何处往》

万千土楼何处往

殊不知广东那么有多客家土楼、围屋，然又见诸多的土楼人去楼空，破旧不堪，任人毁损，真是可惜。万千土楼何处往？久慕永定南靖土楼。然这几年在南粤深圳、潮州、韶关参观了若干土楼。近日瞻仰叶挺将军故居，在惠阳又看到密集的土楼。感叹之余，在飞机上写下这篇随笔。

史上客家人五次南迁，为了求生存安定居，筑起一座座土楼。土楼以土筑围墙，又称围屋。围屋或圆形，或方形，或梯形，是座庞大的土木建筑。一围之中又有几十间、数百间土屋，客家族人共居其中。哪里有客家人，哪里就有土楼。

土楼之中，蕴藏着丰厚的客家文化。你看那潮州的象埔寨，南宋时建，延续至今，千年之久。四周围墙、房屋四壁是用黄土、沙子掺和石灰、糯米、红糖、贝壳筑成，千年了，还很结实，铁钉往土墙上钉，钉都钉不进去。现在的钢筋水泥建筑使用期是70年，还比不上古人的土墙，真丢人，愧对祖宗。象埔寨的百余间房子家家相连，户户相通，寨人走巷串户，如履家门。现代楼人的老死不相往来哪能体会象埔寨陈氏族人的血肉亲情。你再看那惠阳的碧滟楼，清光绪时建，巧夺天工，这里不仅是名人叶亚来的故乡，还是抗战儿郎的栖居地。时代变迁，楼里宗祠大堂还保留着"文革"遗迹。墙壁有《毛主席语录》，写着"中国共产党是中国人民的领导核心，没有这样一个核心，社会主义事业就不能胜利。"红色标语"读毛主席的书、听毛主席的话、照毛主席的指示办事"、"高举毛泽东思想伟大红旗奋勇前进"、"念念不忘突出政治、念念不忘无产阶级专政、念念不忘阶级斗争、念念不忘毛泽东思想"的颜色至今还十分鲜艳。这在别处可难以觅见。客家土楼的文化遗产难道不应当保留下来?

如今,客家土楼何处往? 笔者认为,当前亟待做以下几件事:

第一,普查。

有志者调查广东开平、恩平的碉楼有数百所。客家土楼的数量应是碉楼的十倍,乃至更多。广东福建江西的客家土楼可能有数千所、上万座。改革开放这些年来城乡建设发展很快,现代高楼新屋林起,许多土楼也已随之被夷为平地。剩下的土楼不多了,对这些幸余的遗存我们更要珍惜。有关部门应当进行普查,对土楼一一登记造册。

第二,统统纳入文物保护范围。

现存的客家土楼多是明清所建,如饶平的紫来楼,双圆土楼,内圆楼为明时建,族人多了,不够住,清时又修了外圆,内外两个圆楼,十分壮观。紫来楼里也留有"文革"期间的毛主席像、毛主席语录、毛主席诗词,很是珍贵。较近的也是清末所建,如惠阳的会新楼,已映出巴洛克的欧式风格。客家土楼至少也有百年,够文物的岁数了。

如今,一些大的典型土楼已是文物保护单位,如饶平明万历年间的道韵楼、深圳清乾隆时的大万世居,已列为广东省文物保护单位。前述象埔寨是潮州市文物保护单位,紫来楼是饶平县文物保护单位。但众多的中小土楼尚不是文物保护单位,如叶挺故居旁的会水楼,应当将它们统统纳入文物保护范围。在此基础上,以永定南靖土楼为龙头,将各地土楼一并申报世界文化遗产。

第三,确权。

土楼是客家人聚族而居的产物,不是一家一户的房屋。土楼的所有权属于谁,是至关重要的问题。应当说,土楼或属于村民集体所有,或属于土楼族人总有,或土楼人共有。产权明析,极有利于土楼的维护、利用。

第四，利用。

目前，一些土楼仍由客家人居住，如潮州的缵美楼，对此应当鼓励。也有些土楼已辟为旅游景点，供人们参观游览，如深圳龙岗围屋、韶关始兴围屋永成堂。始兴围屋中"永成保障"四字为张之洞所书，永成堂还是影视《围屋》的拍摄地，这都成为了解客家文化的好去处。但相当部分的土楼已是人走楼空，现代生活的诱惑将土楼人引去。惠阳光绪年建的会龙楼那么气派，四端耳房式的角楼融汇着南粤风格，可惜没人住了，空空荡荡。没有人气的土楼极易坍塌，用不了几年，可能就会变为废墟，毁于一旦。对这部分土楼，应加紧商业开发，当个仓库总可以吧。有人气了，土楼就能传承下去。（图版308）

2007年1月18日草于飞机

2007年1月26日录入

九、《天下第一凤·天下第一屋·天下第一村》

天下第一凤·天下第一屋·天下第一村

2009年的春节联谊，我向玉专家求教妇好墓的凤是不是天下第一凤？这位玉专家是中国玉学会会长，曾任故宫博物院院长。他一怔，随即问我是干什么的，为什么能问起这个问题？我说我只是业余爱好。他客气地让我坐到他身旁，饶有兴致地讲起他对妇好墓凤的研究。据他考证，妇好墓的凤不是商代的，要早得多，是原始部落的，两个时代的雕工不一样，应当是妇好攻打苗蛮，从那掠夺的。他准备就此写篇论文。这次河南之行，感悟三个天下第一，也不知事实是否如此，只是但愿真的是天下第一。

天下第一凤

久慕殷墟，今终成行。观妇好墓，见一玉凤，这枚玉凤竟和现代凤的造型相差无几。凤和龙一样是人们虚构的，大自然本无凤，人们把美好的相貌赋予了她，龙凤呈祥。慈禧墓，甚至凤在上，龙在下。妇好墓的玉凤陪伴主人3 000多年，不知有没有在此之前出土的凤了，若没有，可谓天下第一凤。

若是天下第一凤，安阳真应大书特书。起码作为一个标志吧，或者以凤装点安阳，让其成为凤城。中国的龙很多，濮阳天下第一龙、朝阳红山玉龙等等，名扬天下。男女平等，阴阳平衡，也该宣扬凤了。

殷商应当深入挖掘，古为今用。例如有四：一是让"四阿重檐"再现安阳。殷商宫殿是"四阿重檐"，夯土作基、扁石为础、圆木立柱、四面斜顶、覆盖茅草、双重屋檐。"四阿重檐"的建筑风格若能再现安阳，如将火车站、图书馆、市府大楼以至沿街的建筑都做成"四阿重檐"式，安阳就太有特色了。人们一见到"四阿重檐"，就知道到了安阳。二是以甲骨文图样投入生产。记得我国曾有甲骨文布的专利，20多年了，该专利早过期了。何不以此生产甲骨文样壁纸、花布，乃至用于更多平面，也不辜负发明人的专利。三是复制甲骨。龟腹甲、牛肩胛骨多得是，何不刻上甲骨文字，作为工艺品，以飨游者。四是开发殷人饮食、服饰、歌舞文化。商纣有"酒池肉林"，有妲己歌舞。今开发点殷人的饭菜、美酒、歌舞，再配以觚式酒具、商代服饰，岂不更有特色。

开发殷商文化靠人才，培养人才从娃娃抓起。能否将甲骨文识字纳入安阳中小课本，纳入大学选修课，有了人才，弘扬甲骨文化就有了坚实的基础。（图版309）

天下第一屋

新郑的轩辕石庙为春秋时所建，2 800多年了，未有重建，至今屹立在始祖山巅，这还不是天下第一屋！

上始祖山，路上有山鸡拦车，进轩辕庙，一条蛇在石梁上攀爬。众人都说，今日龙凤呈祥。我想，山鸡是吉象，那条蛇恐怕是有人放的。（图版310）

图版306. 喀纳斯

图306-1 喀纳斯

图306-2 图瓦村

图306-3 叶尔德西老艺人传授胡笳（草笛 "苏尔"）

图306-4 陨石人

图版307. 塔什库尔干

图307-1 慕士塔格雪山

图307-2 高原羊

图307-3 卡拉苏哨所

图307-4 慕士塔格雪山

图307-5 沙湖

图307-6 沙湖伴

图307-7 石头城

图307-8 水草

图307-9 塔吉克

图307-10 斜阳

图版308. 广东土楼

图308-1 土楼

图308-2 土楼

图308-3 土楼

图308-4 缵美楼

图308-5

图308-6 会新楼

图308-7 会龙楼

图308-8 土楼

图308-12 会水楼

图308-9 碧滟楼

图308-13 会新楼

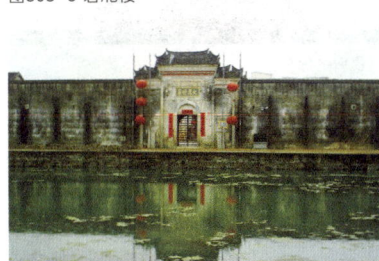

图308-10 大万世居

图308-14 毛主席语录

图308-11 光绪碉楼

图308-15 始兴围屋

图308-16 道韵楼（拼接）

图308-17 永成保障张之洞书

图308-18 紫来楼

图308-19 杉木栏

图308-20 紫来楼毛主席像

图308-21 缵美土楼

图版309. 凤

图309-1 瓷盘凤

图309-2 开封清凤

图309-3 龙凤呈祥

图309-4 明陶凤

图309-5 木刻凤

图309-6 铜镜凤

图版310. 天下第一屋

图310-1 天下第一屋，春秋时建，距今2800多年

天下第一村

裴李岗,出土那么多早期的陶器、磨制的石器,代表8 000年前母系氏族文化,能不能称为天下第一村?起码是至今为止中原发现最早的村落。辽西查海遗址、河姆渡文化也是七八千年前的,它们与裴李岗不论谁更早一些,都愿新郑将裴李岗遗址早日复原,使人们领略当年的部落生活场景,这是文化,别让再它掩埋地下了。

2007年7月6日

十、《成山头》

成山头

成山头有"天尽头"。本次威海行,想在"天尽头"碑前留影,题"天有尽头,为人民服务无尽头"。到成山角,一个水泥石柱赫然写有"天无尽头"。"天无尽头",岂莫"为人民服务有尽头"?

唉,何必擅改"天尽头"。 (图版311)

2007年8月10日有感

十一、《鲁花生》

鲁花生

到莱阳鲁花,与宫总经理,初经理等人谈。

问:花生红衣怎样用?

鲁花:榨油时一并榨,红衣营养高,可溶入油中。

曰:红衣有凝血功能,可入药。研发红衣产品可能有大的效益。

问:花生壳怎么处理?

鲁花:农民用作猪饲料。

问:花生壳能不能做纤维板?

鲁花:有做的,但规模很小。

曰:在德州看过用棉花杆做纤维板,可研发花生壳的纤维板。

问:有无生产花生食品?

鲁花:没有。

问:天府花生很受欢迎,是不少人看电视时的零食。鲁花也应多开发花生食品。

图版311. 天尽头

图311-1 "天尽头"

图311-2 "天无尽头"

图311-3 秦皇求仙

图311-4 求佛

鲁花：一外国友人参观鲁花时，就说今后鲁花不仅榨油，要开发花生产品。何教授的建议很受启发，我们要搞花生的多种开发。

曰：听了老初介绍明白了压榨与浸入的区别。老百姓对此都不懂，应做宣传，普及压榨与浸出的科学知识。老百姓懂了二者的区别，就可以拉开压榨油与浸出油的价格比。但是否是浸出法，是二者的价钱不一样。

鲁花：业务人都知道这个，没人敢说。

曰：如果鲁花愿意，我们可以组织宣传，让老百姓知道区别。

2007年8月

十二、《建议保留汶川或者北川废墟另建新城给××的信》

建议保留汶川或者北川废墟另建新城给××的信

汶川天崩地裂，爆发大地震。我也忧国忧民，积极捐款。10天后，还就心中想法给中央领导写了一封信，诒保留整个汶川或者北川县城的废墟，另建汶川城。大约又过了一个星期，在电视中见温总理说：整体保留北川县城废墟，另建北川城。心里很清楚：这一决策与我不关，是所见略同。2010年，祭亡灵，目睹新北川。北川新城建得很具民族特色，真漂亮。（图版312）

××：

在电视里看到您在汶川一线指挥抗震，真情体现人民政府为人民。又联想到震后重建，有两点想法，不吐不快。

第一，建议将整个汶川或者北川县城的废墟保留，建成一座地震博物馆，供科研和爱国主义教育。

前年我到了唐山，那里只保留了两座倒塌的楼房，面积太小了。今8.0级巨大地震，百载不遇，建议保留整座县城废墟，另建汶川城。

第二，建议另建一座有传统民居特色的汶川城。

唐山地震后，国际友人曾提出到唐援建，假如每个国家按自己的建筑风格建一条街，能把唐山建成一个万国建筑城。可惜我们那时不接受外援。

图版312."5.12"大地震

图312-1 北川

图312-2 "5.12"大地震

地震前我到渝。人家说云阳新城很美，可我看了一点也不美，还很痛心。国家建三峡花了那么多钱，把云阳建得基本无特色，让人不知道到哪了，民族传统丢光了。

现在很多地方的旧城改造也都很可怕，一夜之间推倒了几百年的老房子，盖起的新房追求"现代化"，千篇一律，到哪都一个样。

欧洲也曾有过这种经历，拆倒后来悟出老房子是最美的，他们保留了最后的老城区，成为我们今天看到的欧洲：罗马式、哥特式、巴洛克、洛可可各式特色建筑相映成辉。

在渝时，我着意观察了巴渝民居"人"形屋顶的建筑风格，很有特色。在电视上也看到汶川农村有同样的建筑，只是坡度较大。总之，新汶川应该要先规划好，用当地民族特色形式建新屋，不能走云阳之路。越是民族的，越是先进的，越是美丽的。

就怕提的不现实，人们难以接受。但是，今天的人们无不为当年未接受梁思成另建北京城的建议而懊悔。

此致

敬礼

河山

2008年5月22日

十三、《把蒙古包搁到楼顶上》

把蒙古包搁到楼顶上

通辽地势平坦辽阔，哲里木聚集了我国约70%的蒙古族人，科尔沁蕴积着悠久灿烂的草原文化。

通辽街市清洁宽畅新潮，和其他都市一样正朝现代化迈进。怎样迈进？是追时髦，还是持个性，用蒙古族元素装上江山，打造新城？正在建设的通辽政府办公大板楼毫无特色，实属败笔。越是民族的，越是先进的，越是世界的。这一点正为科左后旗人所尝试，在旗的民族步行街上，人们把蒙古包搁到了楼顶上，特色一下子就显示出来。比现代化高楼大厦永远比不过上海、深圳。然特色建筑，谁也没法儿与之相比。赶快修改设计，给市府大楼加个顶。楼顶上加几个蒙古包，特色不就出来了，不就好看了，简单得很。今后公共建筑应把蒙古包搁到楼顶上，再逐步给旧楼加顶，全市的楼宇都顶着蒙古包，那是何等的亮丽！

除把蒙古包搁到了楼顶上，通辽的城市建设还应汲取众多的蒙族文化元素，例如：

蒙古族是马背上的民族，不妨把马的造像镶嵌到市府大楼的墙体上。再将徐悲鸿的独马矗立在街心，多么潇洒。

蒙古族人宽厚的声韵离不开马头琴，把这特有的乐器放大到广场，镶在墙面，人们一看就知这儿是蒙古族人的家乡。马头琴状的路灯会比一般样式的路灯更显民族特色更好看。

蒙古族人游牧离不开勒勒车，把牛拉勒勒车塑在街头也显特色。

蒙古族人服饰呈现草原的绚丽多彩。在孝庄皇太后的故乡，马头琴老艺人头戴的帽子吸引着众人的眼球：一个个花瓣状纹样环绕的帽边连接小弧度托起的高高攒尖顶着艳丽的小圆球，精美绝伦。有志之士，赶快把这蒙古帽变成高楼的顶尖。

草原的蓝天白云使得蒙古族崇白尚蓝，忽必烈创建元朝，蓝白二色又成就了青花瓷的辉煌。每个城市都要有自己的基本色调，北京是青灰，欧洲许多屋顶是橙红。通辽的色调应是乳白镶蓝。

还有许许多多蒙族文化元素有待发掘，以装点科尔沁，美化通辽。

一个学者期待着。

河山

2008年8月8日

十四、《见青铜地动仪所感》

见青铜地动仪所感

东汉张衡的候风地动仪写入小学课本，国人皆知。

我所见的这个地动仪收藏于上海徐汇博物馆，它由青铜铸造，气势不凡，高2.4米，底座直径2.4米，重1 600公斤。地动仪庞大的底盘上安置着一个椭圆的巨球，球体上站有汉型飞鸟，球体外镶有八条卧龙，分别代表东、西、南、北、东南、东北、西南、西北八方，龙口内含系珠，八只张嘴的蟾蜍蹲在八个圆钵盘内，随时准备接纳坠落的龙珠。硕大的圆形底盘上刻有铭文，每个装蟾蜍的钵内底也有铭文。

这件地动仪，是著名诗人纪宇卖掉房子出资从农民手中购买的。纪宇多次表示要把地动仪捐给国家，然乏人理采。纪宇说，还有三四件地动仪，其中一件比这个地动仪还大。

熊传新先生曾任湖南博物馆馆长，是我国著名青铜器专家。他说："张衡的地动仪失踪上千年，这是其后首次见到的古代地动仪。至于它的具体年代，尚待集合多方专家研究。"参与收藏这件地动仪的人还从地动仪上切割下一块青铜，拿到上海做有损检验，化验结果说非现代仿品。

收藏人要把地动仪捐给国家，无人搭理，真令人费解。东西是真是假，有关部门总应当组织专家鉴定一下吧。况且，国博、豫博都曾攻关数载，企图复原张衡的地动仪。检测结果若是假的，则不予接受。若确为古代的，可谓发现了国之重器。届时，能否把那几个地动仪也收上来，所需费用要比保利收购一个兽头少得多。抢救国宝！

退休了，遇到不解之事聊聊天，无他意。

附地动仪与铭文照片。（图版313）

河山
2009年11月20日

十五、《游西溪 了儿感》

游西溪 了儿感

葛优的《非诚勿扰》使西溪名声大躁。然景区的开发，则要保持它的原汁原味，不要动辄迁移这里的土著村民。人走了，就带走了生气。又见设立非遗文化生态保护区的重要。

游西溪 了儿感

撵走了村民，
留下了眼泪儿。
拆光了老屋，
搬掉了原味儿。
竖立了围栏，
圈起了湿地儿。
收取了门票，
钱鼓了"新贵儿"。

2009年11月29日

（图版314）

十六、《黑龙潭》

黑龙潭

唐梅宋柏明茶，
孔儒张道释迦，
龙潭左清右浊，
滇国第一古刹。

2010年3月9日

（图版315）

图版313. 青铜地动仪

图313-1 地动仪

图313-2 地动仪铭文

十七、《为何要排五个小时的队？》

为何要排五个小时的队？

世人皆知，参观世博园的展馆要排队。通常来说，排队长的达四五个小时，短的也要一两个小时，不长不短是3小时。中国人好久没排队了。

为什么要排这么长时间的队？很简单，人多呗。每天参观世博会的人数，多则50万人，甚至翻番，少则30万人，不多不少是40万人。而场馆容纳有限，又不控制参观人数，这么多人进馆，怎能不排长队。

图版314. 西溪

图314-1 西溪

图314-3 西溪

图314-2 高宅

图314-4 西溪楹联

图版315. 黑龙潭

图315-1 黑龙潭

图315-2 年年有余（黑龙潭有鱼）

怎么这么多人？人们对世博会的热情是主要的，争先恐后参展。但似乎还有两个因素：一是要超日本，破世博会参观人数的世界纪录。果真如愿，7 038万人次，争了第一。二是经济要素，一张门票160元，进的人越多，钱越多，日进斗金。只要能收钱，管他排队不排队，不能控制人数。

世博会是展示各国文化的盛会，进了世博园而不能进展馆，那到那儿干什么去了？难怪有人发唠骚，说花了160元钱，就坐了两趟轮渡。不能光顾放人、赚钱，不顾人们的文化感受。人们进世博园而难以进展馆，就易使世博会变调，满园人挤人，还有铜臭味。

世博会无疑是成功的，媒体都说世博好。社会进步了，也允许挑一点毛病吧。

2010年11月初

十八、给许州长的信

许州长：

感谢您在西昌的接待。西昌之行，颇感凉山风情迷人。（图版316）

我从一位立法工作者的某种角度，有感凉山可充分利用法律赋予自治州的权力，行使立法权，制定单行条例，保护凉山文化，促进凉山发展。例如，制定凉山彝族非物质文化保护条例。

再如，制定盐源摩梭文化保护条例。这一点，我在十二年前就提过此建议。1996年，我第一次带队出行搞立法调研，地点就是泸沽湖。那天晚上，在宁蒗人大的座谈会上，我感慨地说：一定要拉开保护民间传统文化立法的序幕，并建议宁蒗人大制定保护摩梭文化的条例。记得当时宁蒗人大主任说，有红头文件我就制定。回京后，我撰写了"救救应当保存的民间文化"、"亟待保护的摩梭母系文化"两篇文章。走了那么多地方，这是我第一次写游记，并奔走呼吁启动保护民间传统文化的立法。五年前，在北京的第十届全国人民代表大会第一次会议上，我找到年轻的凉山州长，也向他建议制定摩梭文化的保护条例，似乎未能引起他的兴趣。今再次提此建议，并将当年写的那两篇游记和近日写的"丽江变味了"一文寄给您，愿凉山州早日制定出保护摩梭文化的条例。

还有，木里是藏族自治县，也愿木里制定藏族风情保护条例。还可制定《木里香格里拉保护条例》，借条例方式打出大香格里拉，提高木里知名度，促进木里旅游业。（图版317）

除制定文化条例的建议外，还想跟您说说西昌市川兴镇高山堡的保护。在西昌市的眼皮底下，竟隐藏着这么一个保存完整的古村落。真是藏在深闺人未识！（图版318）

高山堡，从其名称看，它应建于明洪武年间。朱元章平定西南后，设卫所屯堡，南下明军就地驻防戍边，与西昌城垣同时建了高山堡。

清中期高山堡陈氏荣出进士、武魁，现陈氏民宅已列为西昌市第三批市级文物保护单位。这次赴凉，两上高山堡，除对陈氏进士大宅的赞叹外，更有感高山堡整村落的保护。高山堡蕴藏丰厚的文化积淀，它的格局，就地取材的明清建筑，木雕石刻，淳朴的村风，丰富多彩的民俗，无不耐人寻滋品味。

仅说那"孝道而行"石刻。村里老人说有一幅"公公吃儿媳的奶"的石画，领我们去看。在一家过道，我们看到刻有"孝道而行"的石条。哪里是什么"公公吃儿媳的奶"，而是雕凿粗犷的一段"二十四孝"，其中唐女乳姑不怠的故事。"孝道而行"的"孝"字已灭失，估计是"文革"那会儿凿掉的。这段"孝道而行"还载有南齐庚黔娄尝粪心忧、朱寿昌辞官寻母等孝道故事。这是文物呀！然而它却躺在地下用来垫柴火，防止潮湿。

我向村里人和同行的人建议先申报历史名村保护。

再跟您说说西昌古城区的保护。在城楼底下还有一片旧民居，一条老商业街，且存东林寺、朱寂家花园等庭院，一切都古香古色，沁发西昌历史信息。西昌市前进，千万别把这片老城区拆除，

保留与发展应并举。（图版319）

这封信初于2008年底，忙忙叨叨就没写完。一搁就是两年半，要出书了，又是说西昌传统文化，促把信写完，真抱歉。

此致

敬礼

河山

2011年4月15日

十九、《谈对鼓浪屿建筑的保护》

谈对鼓浪屿建筑的保护

这也是欠了几年帐的一篇文章，非遗法小书要完稿了，匆匆追思脑海中鼓浪屿的记忆。

那是2008年初夏，我到深圳清华大学研究生院讲学，中途停下来看福建土楼。20世纪90年代在厦门开中德法律交流会就想去永定看土楼，无奈领导要看开发区，只得陪同去湖里。这次厦门人大的同志做了精心安排，到南靖看了"四菜一汤"田螺土楼、"七倒八歪"昌裕楼、塔下村，后又去了华安的二宜楼。观看返回，厦门人大法工委同志说他们正在修订《厦门市鼓浪屿历史风貌建筑保护条例》，也遇到一些法律难点，特邀我上鼓浪屿考察，我欣然前往。

从厦门乘船跨海登上鼓浪屿，鼓浪屿管委会的同志陪同游览。沿着蜿蜒起伏的屿路，穿过栋栋座座错落有致别具一格的房宇，从八卦楼直转到郑成功石雕像。鼓浪屿堪称万国建筑博物馆，一路上我弄斧班门，絮絮叨叨地给大家念道各个建筑的特征。鼓浪屿1.87平方公里，鸦片战争后中英《南京条约》将厦门辟为五口通商之一，英美十三列强把鼓浪屿作为桥头堡，纷建领事馆、银行、教堂、医院等，这些都是典型的欧式建筑。20世纪二三十年代，海外华侨又在此大兴土木，建造别墅。这些别墅中西合璧，

图版316. 彝族文化

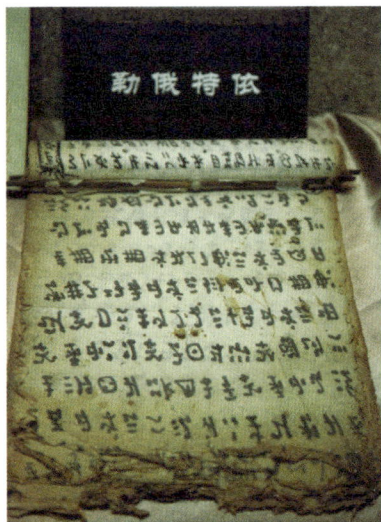

图316-1

图316-2

图316-3

图316-4

图316-5 天马

图316-6

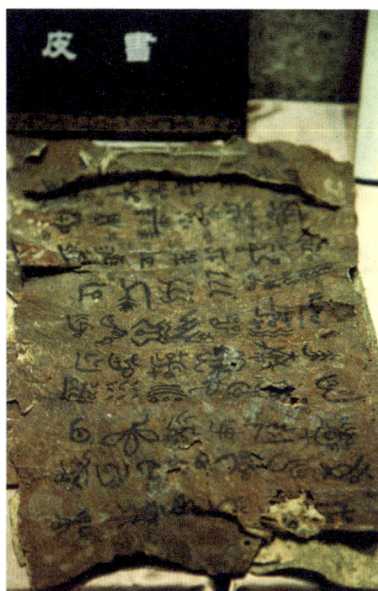
图316-7 彝族皮书

图316-9 彝官

图316-8 图画象形文

图316-10 彝族陶罐

图316-11 彝族青铜器

图316-12 彝族月亮女神

图版317. 木里

图317-1 风光

图317-3 风光

图317-2 木里风光

图317-4 木里寺

图版318. 高山堡

图318-1 石碑

图318-2 院落

图318-3 村落

图318-4 门窗

图318-5 村落

图318-6 村落

图318-7 村落

图318-11 村落

图318-8 浮雕

图318-12 宣传标语

图318-9 浮雕

图318-13 宣传画

图318-10 浮雕

图版319. 西昌

图319-1

图319-2

图319-3

图319-4

图319-5

图319-6

图319-7

图319-8

图319-12

图319-9

图319-13

图319-10

图319-11

图319-14

吸收欧洲罗马、拜占庭、哥特、巴洛克、洛克克、文艺复兴式的元素，结合土木，建造出一栋栋颇具特色的房屋，还有的展现东南亚风情，它们共同构成岛上亮丽景观。除土洋结合的外，也有闽南传统民居建筑，那两进小院温馨典雅，主殿的船形屋脊祈祷男人出海平安。又见到一座白体耳房，这锅耳式的防火墙是岭南民居特色。真不愧万国建筑博览馆！

在一家中式庭院小憩，边品茶边聊起《厦门市鼓浪屿历史风貌建筑保护条例》的修订，记得我当时谈了三点意见。

第一，对鼓浪屿建筑的整体保护。

《厦门市鼓浪屿历史风貌建筑保护条例》是厦门市人民代表大会常务委员会制定的，于2000年1月13日由厦门市第十一届人民代表大会常务委员会第二十二次会议通过。鼓浪屿历史风貌建筑，是指1949年以前在鼓浪屿建造的，具有历史意义、艺术特色和科学研究价值的造型别致、选材考究、装饰精巧的具有传统风格的建筑。厦门市人民政府认定207栋房宇，作为历史风貌建筑加以保护。鼓浪屿管委会后又规划出101栋，共308栋历史风貌建筑。著者对此充分肯定，《厦门市鼓浪屿历史风貌建筑保护条例》对于保护鼓浪屿历史风貌建筑发挥了重要作用。

我也谈到国际上对历史风貌建筑保护的发展趋势。一座优美建筑就是一首凝固的动听音乐，古建筑承载着历史的文化信息。欧洲城市现代化进程中，也曾一度拆老房子，拆到最后，发现老房子是最美的，遂保护这些古建筑，使我们今日得以看到美丽的欧洲。对此的历史记载，1933年8月国际现代建筑学会在雅典宪章中写道："有历史价值的古建筑均应妥为保存，不可加以破坏。"

雅典宪章后的几十年，人们的认识又推进一步，由对古建的单个保护发展到对环境的整体保护。首先是威尼斯宪章。1964年5月25~31日，第二届历史古迹建筑师及技师国际会议于在威尼斯制定出《国际古迹保护与修复宪章》。该宪章观点鲜明：第1条，历史古迹的要领不仅包括单个建筑物，而且包括能从中找出一种独特的文明、一种意义的发展或一个历史事件见证的城市或乡村环境。第6条，古迹的保护包含着对一定规模环境的保护。凡传统环境存在的地方必须予以保存，决不允许任何导致改变主体和颜色关系的新建、拆除或改动。 第7条，古迹不能与其所见证的历史和其产生的环境分离。除非出于保护古迹之需要，或因国家或国际之权为重要利益而证明有其必要，否则不得全部或局部搬迁古迹。威尼斯宪章是一个飞跃。

接着是马丘比丘宪章。1977年12月，一些城市规划设计师聚集于利马，以雅典宪章为出发点进行了讨论，提出了包含有若干要求和宣言的马丘比丘宪章。该宪章在文物和历史遗产的保存和保护方面规定：城市的个性和特性取决于城市的体型结构和社会特征。因此不仅要保存和维护好城市的历史遗址和古迹，而且还要继承一般的文化传统。一切有价值的说明社会和民族特性的文物必须保护起来。保护、恢复和重新使用现有历史遗址和古建筑必须同城市建设过程结合起来，以保证这些文物具有经济意义并继续具有生命力。

随后又有佛罗伦萨宪章。国际古迹遗址理事会与国际历史园林委员会于1981年5月21日在佛罗伦萨召开会议，决定起草一份将以该城市命名的历史园林保护宪章。本宪章即由该委员会起草，并由国际古迹遗址理事会于1982年12月15日登记作为涉及有关具体领域的威尼斯宪章的附件。该宪章第4条规定：历史园林的建筑构造包括：其平面和地形；其植物，包括品种、面积、配色、间隔以及各自高度；其结构和装饰特征；其映照天空的水面，死水或活水。

又随后是华盛顿宪章，1987年10月国际古迹遗址理事会全体大会第八届会议在华盛顿通过《保护历史城镇与城区章》。 华盛顿宪章在原则和目标中规定：（一）为了使更有成效，使对其的保护应成为经济与社会发展政策的完整组成部分，并应当列入各级城市和地区规划。（二）所要保存的特性包括历史城镇和城区的特征以及表明这种特征的一切物质的和精神的组成部分，特别是：（1）用地段和街道说明的城市的形制；（2）建筑物与绿地和空地的关系；（3）用规模、大小、风格、建筑、材料、色彩以及装饰说明的建筑物的外貌，包括内部的和外部的；（4）该城镇和城区与周围环境的关系，包括自然的和人工的；（5）长期以来该城镇和城区所获得的各种作用。任何危及上述特性的威胁，都将损害历史城镇和城区的真实性。

从雅典宪章始，又威尼斯宪章、马丘比丘宪章、佛罗伦萨宪章、华盛顿宪章，人们对古建筑保护的理念不断升华。

《厦门市鼓浪屿历史风貌建筑保护条例》是符合情势的好条例，对308栋历史风貌建筑予以法律保护对于维护鼓浪屿景观意义重大。在此基础上，可逐步扩大保护范围，最终实现对鼓浪屿全岛建筑施之整体保护。

第二，政府有权主动修缮业主不作为的发危历史风貌建筑。

鼓浪屿老建筑多为砖木结构，这些房屋近百岁，有的年久失修已成为危房，甚至出现林尔嘉别墅在雨中轰然倒塌的事故。鼓浪屿别墅多为华侨所建，80%的别墅其产权为私人所有。当年的承建人多已过世，有的新产权人对老房子不修缮，或者继承人众多达不成修缮意见，致使一些老别墅破旧不堪，甚至人走楼空，满院荒草。我们也看到了几栋这样的老别墅。

《厦门市鼓浪屿历史风貌建筑保护条例》原第20条规定："历史风貌建筑业主必须对历史风貌建筑按规定的标准进行修缮，维护建筑原貌，保持建筑完好，不得擅自更改建筑外墙、门窗、阳台等造型。对历史风貌建筑的结构、建筑外貌进行修缮的，须事先报市规划部门批准，按'修旧如旧'的原则进行修缮。"第21条规定："历史风貌建筑使用人对业主修缮历史风貌建筑的活动，必须协助和配合，不得阻挠。历史风貌建筑使用人申请对历史风貌建筑进行修缮的，还必须征得业主的同意。"第22条规定："历史风貌建筑的修缮经费，由业主负责，业主和使用人另有约定的，从其约定。对业主不按规定对历史风貌建筑进行修缮保护或共有业主之间对历史风貌建筑的修缮保护达不成一致意见的，鼓浪屿区人民政府可委托有关单位代为修缮，所发生的费用由业主承担。业主承担修缮经费确有困难的，可向鼓浪屿区人民政府申请补助，鼓浪屿区人民政府可根据历史风貌建筑保护需要和业主经济困难的情况进行审批。具体办法由市人民政府另行制定。历史风貌建筑也可由人民政府收购产权后加以修缮保护。"这些规定都是正确的。但在执行中却产生认识上的分歧。特别是物权法颁布后，有人一味强调业主的物权，业主不发话，即使历史风貌建筑倒塌，别人也不能动。有人引用原第21条第2款"历史风貌建筑使用人申请对历史风貌建筑进行修缮的，还必须征得业主的同意"的规定，得出的结论是：不论任何情况，凡业主不同意，或业主之间达不成一致意见，就无法修缮老别墅，"使用人申请对历史风貌建筑进行修缮"的规定是一句空话，而不看原第22条的规定。在这种想法影响下，一些历史风貌建筑岌岌可危。

当时我尚不知有此规定，只听到人们的顾虑和争议。我谈了自己的观点，根据民法原理，认为人民政府有权主动修缮业主不作为的岌危历史风貌建筑，讲了几点理由。

其一，历史风貌建筑是文物，要予以特别保护，所有人不保护国家也要保护。

其二，现代法学已由权利本位发展为社会本位，民法也由所有权绝对发展所有权限制，当事人行使权利不得违背社会公共利益。在社会公共利益的原则下，公权力在特定情形下有权介入私权利。

任老别墅倒塌，会破坏鼓浪屿的整体景观，业主的别墅所有权不能对抗鼓浪屿的社会公共利益。业主不修缮岌危别墅，社会不能任其倒塌，政府有权强行修缮。对有人居住的岌危别墅，使用人不搬，为维护其人身财产安全，政府有权强制搬迁，然后修缮该危房。

其三，修缮费用由业主承担。业主不支付的，政府对修缮后的别墅享有优先使用权。使用年限按市场租金计算，至租金冲抵毕修缮费。

第三，鼓浪屿应当申报世界级文化景观。鼓浪屿应像庐山那样，成为世界文化景观。大家听了很兴奋，特别是第二点，鼓浪屿管委会的同志拍手称快。

2009年初，厦门市人大会常委会法工委张主任专程到京，在厦门大厦听取了我上述几点意见，我们的观点是一致的。2009年3月20日，厦门市第十三届人民代表大会常务委员会第十五次会议修订通过《厦门经济特区鼓浪屿历史风貌建筑保护条例》。该条例第30条做了强制规定："有下列情形之一的，风景区管理机构应及时委托编制相关设计方案并组织实施：（一）历史风貌建筑需要修缮，所有人、管理人或占用人未能在书面决定规定的时间内修缮的；（二）历史风貌建筑需要结构更新或拆除重建，所有人未能在书面决定规定的时间内结构更新或拆除重建的；（三）历史风貌建筑需要修缮，其所有人、管理人和占用人不明的或所有人不明且无人管理、使用的；（四）历史风貌建筑确需结构更新或拆除重建，其所有人不明的。"

鼓浪屿，是鼓足勇气乘风破浪的岛屿。祝鼓浪屿勇往直前更加璀璨亮丽！（图版320）

河山

2011年5月18日

图版320. 郑成功

图320-1 郑成功

二十、《坐龙》

坐龙

2012年2月8日下午，到农展馆参观全国非物质文化遗产生产性保护成果大展。在青铜器修复技艺展位，见到贾文忠老师的龙年大吉拓片图（图321-1），图中那尊乌黑的坐龙（图321-2）勾起我一段记忆。

坐龙出土于黑龙江阿城，那是中原汉文化与黑水女真文化的融合。腾云驾雾的蛟龙游至金上京会宁府（图321-3），太祖（图321-4）完颜阿骨打（图321-5）请它坐下来歇歇脚，于是翱翔九天的飞龙在会宁留下了坐像铜坐龙给这块黑土地带来吉祥，金朝闪金光。

我与青铜器修复专家贾文忠先生闲聊：那是2009年1月，黑龙江省消费者协会于伏龙秘书长邀我赴哈尔滨参会。老于是省人大代表，身负重望。我向有关方面建议将坐龙立为黑龙江省标识。贾专家听我讲到这里，立即竖起大母指。我又接着说，"可是没人理"。贾"唉"了一声，几乎听不见，翘起的大拇指无奈放下。（图版321）

图版321.坐龙

图321-1 贾文忠拓龙

图321-2 阿城坐龙

图321-3 金上京会宁府遗址

图321-4 金太祖陵

图321-5 完颜阿骨打墓

二十一、镇馆之宝

　　到一地，总愿看看博物馆。英德是县级市，博物馆可气派。馆长带着我们从一楼到三楼，看英石馆，看历史馆，看非遗馆……，不管开展没开展，都领我们转一遍。离馆前，我见一室摆放有英石，才刚没看，就走了进去。啊，眼前一亮，那不是说唱俑吗！那石叫绝：伸首昂颌，手臂扬起，腿抬脚翘，手舞足蹈，活生生一个东汉击鼓说唱俑像。惊叹之余，忙给它拍照，又折回拉来馆长看。馆长知晓文物，说起出土于四川成都天回山东汉崖墓、现存国家博物馆的那尊击鼓说唱俑，一点即合，馆长连声说象，拍手叫绝。

　　英德石与太湖石、灵壁石、黄腊石并称我国四大奇石，瘦漏透皱，挺拔奇秀。英德石盆景是国家级非物质文化遗产。英德市博物馆的第一展厅是英石精品，琳琅满目，获奖颇丰。然那块说唱俑石"养在深闺人未识"，被置另室，堆放在不起眼处。金子毕竟是金子，抹去尘埃，光彩耀人。大自然的造化，鬼斧神工。天将大奇降英德，何不把它奉为镇馆之宝！

2013年7月17日北京

附

中华人民共和国主席令

第四十二号

《中华人民共和国非物质文化遗产法》已由中华人民共和国第十一届全国人民代表大会常务委员会第十九次会议于2011年2月25日通过，现予公布，自2011年6月1日起施行。

中华人民共和国主席　胡锦涛

2011年2月25日

中华人民共和国非物质文化遗产法

2011年2月25日第十一届全国人民代表大会常务委员会第十九次会议通过

目　录

第一章 总 则

第二章 非物质文化遗产的调查

第三章 非物质文化遗产代表性项目名录

第四章 非物质文化遗产的传承与传播

第五章 法律责任

第六章 附 则

第一章 总 则

第一条 为了继承和弘扬中华民族优秀传统文化，促进社会主义精神文明建设，加强非物质文化遗产保护、保存工作，制定本法。

第二条 本法所称非物质文化遗产，是指各族人民世代相传并视为其文化遗产组成部分的各种传统文化表现形式，以及与传统文化表现形式相关的实物和场所。包括：

（一）传统口头文学以及作为其载体的语言；

（二）传统美术、书法、音乐、舞蹈、戏剧、曲艺和杂技；

（三）传统技艺、医药和历法；

（四）传统礼仪、节庆等民俗；

（五）传统体育和游艺；

（六）其他非物质文化遗产。

属于非物质文化遗产组成部分的实物和场所，凡属文物的，适用《中华人民共和国文物保护法》的有关规定。

第三条　国家对非物质文化遗产采取认定、记录、建档等措施予以保存，对体现中华民族优秀传统文化，具有历史、文学、艺术、科学价值的非物质文化遗产采取传承、传播等措施予以保护。

第四条　保护非物质文化遗产，应当注重其真实性、整体性和传承性，有利于增强中华民族的文化认同，有利于维护国家统一和民族团结，有利于促进社会和谐和可持续发展。

第五条　使用非物质文化遗产，应当尊重其形式和内涵。

禁止以歪曲、贬损等方式使用非物质文化遗产。

第六条　县级以上人民政府应当将非物质文化遗产保护、保存工作纳入本级国民经济和社会发展规划，并将保护、保存经费列入本级财政预算。

国家扶持民族地区、边远地区、贫困地区的非物质文化遗产保护、保存工作。

第七条　国务院文化主管部门负责全国非物质文化遗产的保护、保存工作；县级以上地方人民政府文化主管部门负责本行政区域内非物质文化遗产的保护、保存工作。

县级以上人民政府其他有关部门在各自职责范围内，负责有关非物质文化遗产的保护、保存工作。

第八条　县级以上人民政府应当加强对非物质文化遗产保护工作的宣传，提高全社会保护非物质文化遗产的意识。

第九条　国家鼓励和支持公民、法人和其他组织参与非物质文化遗产保护工作。

第十条 对在非物质文化遗产保护工作中作出显著贡献的组织和个人，按照国家有关规定予以表彰、奖励。

第二章 非物质文化遗产的调查

第十一条 县级以上人民政府根据非物质文化遗产保护、保存工作需要，组织非物质文化遗产调查。非物质文化遗产调查由文化主管部门负责进行。

县级以上人民政府其他有关部门可以对其工作领域内的非物质文化遗产进行调查。

第十二条 文化主管部门和其他有关部门进行非物质文化遗产调查，应当对非物质文化遗产予以认定、记录、建档，建立健全调查信息共享机制。

文化主管部门和其他有关部门进行非物质文化遗产调查，应当收集属于非物质文化遗产组成部分的代表性实物，整理调查工作中取得的资料，并妥善保存，防止损毁、流失。其他有关部门取得的实物图片、资料复制件，应当汇交给同级文化主管部门。

第十三条 文化主管部门应当全面了解非物质文化遗产有关情况，建立非物质文化遗产档案及相关数据库。除依法应当保密的外，非物质文化遗产档案及相关数据信息应当公开，便于公众查阅。

第十四条 公民、法人和其他组织可以依法进行非物质文化遗产调查。

第十五条 境外组织或者个人在中华人民共和国境内进行非物质文化遗产调查，应当报经省、自治区、直辖市人民政府文化主管部门批准；调查在两个以上省、自治区、直辖市行政区域进行的，应当报经国务院文化主管部门批准；调查结束后，应当向批准调查的文化主管部门提交调查报告和调查中取得的实物图片、资料复制件。

境外组织在中华人民共和国境内进行非物质文化遗产调查，

应当与境内非物质文化遗产学术研究机构合作进行。

第十六条 进行非物质文化遗产调查，应当征得调查对象的同意，尊重其风俗习惯，不得损害其合法权益。

第十七条 对通过调查或者其他途径发现的濒临消失的非物质文化遗产项目，县级人民政府文化主管部门应当立即予以记录并收集有关实物，或者采取其他抢救性保存措施；对需要传承的，应当采取有效措施支持传承。

第三章 非物质文化遗产代表性项目名录

第十八条 国务院建立国家级非物质文化遗产代表性项目名录，将体现中华民族优秀传统文化，具有重大历史、文学、艺术、科学价值的非物质文化遗产项目列入名录予以保护。省、自治区、直辖市人民政府建立地方非物质文化遗产代表性项目名录，将本行政区域内体现中华民族优秀传统文化，具有历史、文学、艺术、科学价值的非物质文化遗产项目列入名录予以保护。

第十九条 省、自治区、直辖市人民政府可以从本省、自治区、直辖市非物质文化遗产代表性项目名录中向国务院文化主管部门推荐列入国家级非物质文化遗产代表性项目名录的项目。推荐时应当提交下列材料：

（一）项目介绍，包括项目的名称、历史、现状和价值；

（二）传承情况介绍，包括传承范围、传承谱系、传承人的技艺水平、传承活动的社会影响；

（三）保护要求，包括保护应当达到的目标和应当采取的措施、步骤、管理制度；

（四）有助于说明项目的视听资料等材料。

第二十条 公民、法人和其他组织认为某项非物质文化遗产体现中华民族优秀传统文化，具有重大历史、文学、艺术、科学价值的，可以向省、自治区、直辖市人民政府或者国务院文化主管部门提出列入国家级非物质文化遗产代表性项目名录的建议。

第二十一条 相同的非物质文化遗产项目，其形式和内涵在两个以上地区均保持完整的，可以同时列入国家级非物质文化遗产代表性项目名录。

第二十二条 国务院文化主管部门应当组织专家评审小组和专家评审委员会，对推荐或者建议列入国家级非物质文化遗产代表性项目名录的非物质文化遗产项目进行初评和审议。初评意见应当经专家评审小组成员过半数通过。专家评审委员会对初评意见进行审议，提出审议意见。评审工作应当遵循公开、公平、公正的原则。

第二十三条 国务院文化主管部门应当将拟列入国家级非物质文化遗产代表性项目名录的项目予以公示，征求公众意见。公示时间不得少于二十日。

第二十四条 国务院文化主管部门根据专家评审委员会的审议意见和公示结果，拟订国家级非物质文化遗产代表性项目名录，报国务院批准、公布。

第二十五条 国务院文化主管部门应当组织制定保护规划，对国家级非物质文化遗产代表性项目予以保护。省、自治区、直辖市人民政府文化主管部门应当组织制定保护规划，对本级人民政府批准公布的地方非物质文化遗产代表性项目予以保护。制定非物质文化遗产代表性项目保护规划，应当对濒临消失的非物质文化遗产代表性项目予以重点保护。

第二十六条 对非物质文化遗产代表性项目集中、特色鲜明、形式和内涵保持完整的特定区域，当地文化主管部门可以制定专项保护规划，报经本级人民政府批准后，实行区域性整体保护。确定对非物质文化遗产实行区域性整体保护，应当尊重当地居民的意愿，并保护属于非物质文化遗产组成部分的实物和场所，避免遭受破坏。实行区域性整体保护涉及非物质文化遗产集中地村镇或者街区空间规划的，应当由当地城乡规划主管部门依据相关法规制定专项保护规划。

第二十七条 国务院文化主管部门和省、自治区、直辖市人民政府文化主管部门应当对非物质文化遗产代表性项目保护规划的实施情况进行监督检查；发现保护规划未能有效实施的，应当及时纠正、处理。

第四章 非物质文化遗产的传承与传播

第二十八条 国家鼓励和支持开展非物质文化遗产代表性项目的传承、传播。

第二十九条 国务院文化主管部门和省、自治区、直辖市人民政府文化主管部门对本级人民政府批准公布的非物质文化遗产代表性项目，可以认定代表性传承人。

非物质文化遗产代表性项目的代表性传承人应当符合下列条件：

（一）熟练掌握其传承的非物质文化遗产；

（二）在特定领域内具有代表性，并在一定区域内具有较大影响；

（三）积极开展传承活动。

认定非物质文化遗产代表性项目的代表性传承人，应当参照执行本法有关非物质文化遗产代表性项目评审的规定，并将所认定的代表性传承人名单予以公布。

第三十条 县级以上人民政府文化主管部门根据需要，采取下列措施，支持非物质文化遗产代表性项目的代表性传承人开展传承、传播活动：

（一）提供必要的传承场所；

（二）提供必要的经费资助其开展授徒、传艺、交流等活动；

（三）支持其参与社会公益性活动；

（四）支持其开展传承、传播活动的其他措施。

第三十一条 非物质文化遗产代表性项目的代表性传承人应当履行下列义务：

（一）开展传承活动，培养后继人才；

（二）妥善保存相关的实物、资料；

（三）配合文化主管部门和其他有关部门进行非物质文化遗产调查；

（四）参与非物质文化遗产公益性宣传。

非物质文化遗产代表性项目的代表性传承人无正当理由不履行前款规定义务的，文化主管部门可以取消其代表性传承人资格，重新认定该项目的代表性传承人；丧失传承能力的，文化主管部门可以重新认定该项目的代表性传承人。

第三十二条 县级以上人民政府应当结合实际情况，采取有效措施，组织文化主管部门和其他有关部门宣传、展示非物质文化遗产代表性项目。

第三十三条 国家鼓励开展与非物质文化遗产有关的科学技术研究和非物质文化遗产保护、保存方法研究，鼓励开展非物质文化遗产的记录和非物质文化遗产代表性项目的整理、出版等活动。

第三十四条 学校应当按照国务院教育主管部门的规定，开展相关的非物质文化遗产教育。新闻媒体应当开展非物质文化遗产代表性项目的宣传，普及非物质文化遗产知识。

第三十五条 图书馆、文化馆、博物馆、科技馆等公共文化机构和非物质文化遗产学术研究机构、保护机构以及利用财政性资金举办的文艺表演团体、演出场所经营单位等，应当根据各自业务范围，开展非物质文化遗产的整理、研究、学术交流和非物质文化遗产代表性项目的宣传、展示。

第三十六条 国家鼓励和支持公民、法人和其他组织依法设立非物质文化遗产展示场所和传承场所，展示和传承非物质文化遗产代表性项目。

第三十七条 国家鼓励和支持发挥非物质文化遗产资源的特殊优势，在有效保护的基础上，合理利用非物质文化遗产代表性项目开发具有地方、民族特色和市场潜力的文化产品和文化服务。开发利用非物质文化遗产代表性项目的，应当支持代表性传承人开展传承活动，保护属于该项目组成部分的实物和场所。县级以上地方人民政府应当对合理利用非物质文化遗产代表性项目的单位予以扶持。单位合理利用非物质文化遗产代表性项目的，依法享受国家规定的税收优惠。

第五章 法律责任

第三十八条 文化主管部门和其他有关部门的工作人员在非物质文化遗产保护、保存工作中玩忽职守、滥用职权、徇私舞弊的，依法给予处分。

第三十九条 文化主管部门和其他有关部门的工作人员进行非物质文化遗产调查时侵犯调查对象风俗习惯，造成严重后果的，依法给予处分。

第四十条 违反本法规定，破坏属于非物质文化遗产组成部分的实物和场所的，依法承担民事责任；构成违反治安管理行为的，依法给予治安管理处罚。

第四十一条 境外组织违反本法第15条规定的，由文化主管部门责令改正，给予警告，没收违法所得及调查中取得的实物、资料；情节严重的，并处十万元以上五十万元以下的罚款。境外个人违反本法第15条第1款规定的，由文化主管部门责令改正，给予警告，没收违法所得及调查中取得的实物、资料；情节严重的，并处一万元以上五万元以下的罚款。

第四十二条 违反本法规定，构成犯罪的，依法追究刑事责任。

第六章 附 则

第四十三条 建立地方非物质文化遗产代表性项目名录的办法，由省、自治区、直辖市参照本法有关规定制定。

第四十四条 使用非物质文化遗产涉及知识产权的，适用有关法律、行政法规的规定。对传统医药、传统工艺美术等的保护，其他法律、行政法规另有规定的，依照其规定。

第四十五条 本法自2011年6月1日起施行。